Reinhard Kreuz · Auch die Ferne besteht aus Orten …

REINHARD KREUZ, geboren 1950 in München, Abitur 1971, Studium der Politischen Wissenschaften, Neueren Geschichte und Philosophie in München, London und Aix-en-Provence, Magister Artium 1978, diverse Veröffentlichungen zu politischen Themen in Fachzeitschriften, Staatlich Geprüfter Übersetzer 1981, Tätigkeiten als politischer Referent, Sprachlehrer und Übersetzer, 1985 Gründung einer Handelsfirma, ab 1989 Alleingesellschafter und Geschäftsführer eines Spezialvertriebs für Steckverbinder, Betreuung ausländischer Vertriebsnetze mit ausgedehnten Aufenthalten im benachbarten und entfernten Ausland.

Reinhard Kreuz

Auch die Ferne besteht aus Orten …

Streifzüge und Reflexionen
2005–2009

Weitere Informationen über den Verlag und sein Programm
unter www.buchmedia.de

Bibliografische Information der Deutschen Nationalbibliothek
Die Deutsche Nationalbibliothek verzeichnet diese Publikation in der
Deutschen Nationalbibliografie; detaillierte bibliografische Daten sind
im Internet über http://dnb.d-nb.de abrufbar.

April 2010
© 2010 Buch&media GmbH, München
Umschlaggestaltung: Kay Fretwurst, Freienbrink
Herstellung: BoD GmbH, Norderstedt
Printed in Germany · ISBN 978-3-86520-369-4

Inhalt

Vorbemerkung	7
Über Materielles	9
Patriotismus und Gemeinsinn	13
Amerika in fünf Minuten	16
Brief aus Washington	20
Wandel im Paradies?	31
Urlaub auf der Baustelle	41
»Stop Global Whining«	50
Dschihad und Gesundheit	62
Von Gourmets und Gotteskriegern	69
Entente cordiale, entente mondiale?	84
Change happens	97
Von Bürgern und Burgern	110
Von Bildern und Nachbildern	123

Für Christa

Vorbemerkung

> *... dass wir nicht sehr verlässlich zu Haus sind
> in der gedeuteten Welt.*
>
> Rainer Maria Rilke, Erste Duineser Elegie

Mit einer Danksagung zu beginnen ist eher unüblich, aber in meinem Fall absolut berechtigt. Ohne die mehr oder minder sanften »Anstöße« von Christa Härle-Willerich wären die folgenden Texte weder entstanden noch als Ganzes erschienen. Es hätte sich wohl weiter meine Vorliebe für mündliches Erzählen und dialogische Wahrheitssuche durchgesetzt und die Belastung eines Vollzeitjobs hätte weiterhin die nötigen Ausreden geliefert.

Nun hat sie mich mit dem Ehrentitel eines »praktischen Philosophen« aus der Reserve gelockt und ein paar Essays sind entstanden. Deren »kleine Form« spiegelt nicht nur die Begrenzung von Zeit und Kraft wider, sondern auch eine Absicht. Ich bin viel unterwegs und wollte ein paar Eindrücke und Gedanken festhalten von einer sehr persönlichen Zeitreise durch die letzten fünf Jahre. Dabei wollte ich eher Beobachter sein als Kritiker und auch bei Sachthemen und Texten eher berichten als richten. Wer darin ein »Theoriedefizit« oder mangelnde Tiefe erkennen will, dem kann ich mit einem Eindruck antworten, der sich mit den Jahren stetig verstärkt hat: Die Wirklichkeit ist immens und in Bewegung und unsere Geisteskraft kläglich gering. Wer das Weltgeschehen unter eine Gesamttheorie zwingen wollte, endet meist irgendwo zwischen Hybris und Lächerlichkeit. Umgekehrt erlaubt es die gelebte Evidenz des Reisenden, Theorien und lieb gewonnene Bilder immer wieder zu überprüfen. Da auch der Berichterstatter seine Vorurteile hat, ist ihm ein stetiges Ringen aufgetragen. Allein die Augen offen zu halten, denke ich manchmal, erfordert Tugend.

Reisen hat auch mit Suchen zu tun und erst allmählich beginne ich, einige der Zusammenhänge zu ahnen. Das Gesuchte mag fern sein – aber nicht unbedingt in der Ferne. Auch die Ferne besteht aus Orten, und unsere Begrenzungen folgen uns um den Globus. Andererseits hat der relativierende Blick aus der Ferne auf das Eigene, Gewohnte etwas seltsam Befreiendes. So als sei uns gedient, als würden wir bereichert, wenn wir uns in unserem Zu-Hause-Sein ein wenig erschüttern lassen. Immer wenn ich von einer längeren Reise zurückkehre und Radio und Fernsehen einschalte, erscheinen mir unsere Alltagsdebatten als kleinlich, nichtig und überhaupt nicht weltbewegend. Wie wichtig wir uns doch nehmen! Kann es sein, dass wir auf Reisen einen ersten zarten Hinweis erhalten auf unsere letzte große Reise?

Während ich die Texte ordne, stelle ich erstaunt fest, wie sich Gewichte, Akzente und auch meine eigene Sichtweise in der kurzen Zeit verschoben und verändert haben. Was also kann ich hoffen festzuhalten – außer einem Hauch vom Parfum flüchtiger Jahre? Wenigstens den, denke ich mir und erinnere mich, wie mir Berichte aus den Siebzigerjahren, die ich doch so intensiv erlebt habe, manchmal erscheinen wie Geschichten von einem anderen Stern. Und vielleicht, wenn mir die Zeit geschenkt ist, kann ich mich ja auch selbst noch einmal korrigieren und weitere Etappen beschreiben von jener Reise, auf der wir Menschen, im ewigen Wechselspiel von Problem und Lösung, übertriebener Erwartung und übertriebener Befürchtung, unterwegs sind in eine unbekannte Zukunft.

ÜBER MATERIELLES

Das Elend hinderte mich zu glauben, dass alles unter der Sonne und in der Geschichte gut sei; die Sonne lehrte mich, dass die Geschichte nicht alles ist. Das Leben ändern, ja, nicht aber die Welt ...« Ich weiß nicht, warum mir dieser Satz Albert Camus' in den Sinn kam, als ich neulich über Materielles nachdachte. Vielleicht, weil in ihm, in der poetischen Sprache des Dichters, jene beiden Seinsbereiche aufscheinen, an denen der Mensch, ob es ihm gefällt oder nicht, teilhat: dem materiellen, das Überleben sichernden, unter dem Diktat von Plus und Minus stehenden und vom Streit um »Mein« und »Dein« belasteten, irdischen Seinsbereich; und jenem, den ich der Einfachheit halber den geistigen nennen möchte, jenem Streben nach Sinn und Ziel der eigenen Existenz, mit dem der neu im bereits bestehenden Ganzen auftauchende Einzelne sein »Woher« und »Wohin« bedenkt und den Grund sucht, aus dem und für den er lebt.

Da es sich bei diesen Seinsbereichen nicht um sorgsam geschiedene Welten, sondern um Aspekte des Seienden handelt, die der Mensch in seiner Seele erfährt, liegt in ihrer Beziehung zueinander, ihrer Zuordnung, Über- und Unterordnung eine maßgebliche Ursache für die Ordnung irdischen Daseins und die Blüte und Schwäche von Gesellschaften.

Es mag erstaunen, wenn ich behaupte, dass wir in der deutschen Gesellschaft von heute dem Materiellen zu wenig Aufmerksamkeit schenken – hat sich doch in unserem Bewusstsein der Gemeinplatz eingenistet, wir lebten in einer »materialistischen« Welt, in der der Primat des Ökonomischen alle anderen menschlichen Bestrebungen zu ersticken drohe. Wohl wahr, dass man als Einzelner, dem auch Höheres möglich ist, den materiellen Versuchungen erliegen kann und dass die materielle Aufbauleistung der Deutschen nach dem Zweiten Weltkrieg zur Verdrängung von Schuldgefühlen missbraucht werden konnte. Entscheidend ist nur, was man aus dieser Einsicht macht.

Nehmen wir die Achtundsechziger: So stark war ihr Protest gegen das »rein Materielle« unserer Kultur, gegen »Konsumterror« und die Oberflächlichkeit der Warenwelt, dass man in ihrem Gefolge nachgerade eine Hochblüte des Geisteslebens, eine Epoche spiritueller Vertiefung hätte erwarten können. Wir wissen, was geschah. Skeptisch hätte bereits stimmen müssen, dass der Protest gegen unseren Alltagsmaterialismus im Namen einer Theorie vorgetragen wurde, die selbst nur Materielles gelten lässt und sich »Dialektischer Materialismus« nennt. Aus dem materiellen Geschichtsverlauf selbst, so träumte man, würde in einem revolutionären Prozess die Erlösung vom Materiellen erwachsen und am Ende gar der »Neue Mensch« erstehen. Das Geistige wurde in das Materielle hineingezogen und eifrig als materiell determiniert entlarvt, aber auch das Materielle interessierte nur insoweit, als sich durch seine tatkräftige Umgestaltung die innerweltliche Erlösung des Menschen und die endgültige Korrektur der Schöpfung bewerkstelligen ließen. Die Sorge um das materielle Wohlergehen des Gemeinwesens, um Überlebenssicherung und Zukunftschancen der Menschen sah man eindeutig bei den Unterdrückern angesiedelt. Auch als der historische Bankrott der real existierenden Traumwelten andere Deutungsmuster in den Vordergrund treten ließ – esoterische, Natur verklärende, asiatisch-religiöse – blieb es bei der in Deutschland gern gepflegten Geringschätzung des Materiellen.

Damit ist nicht gemeint, dass weite Kreise der Bevölkerung nicht ihrem Streben nach Wohlstand weiter nachgegangen wären und dieses Streben nicht sogar manchmal, wie zur Zeit des »Neuen Marktes«, rauschhafte Züge angenommen hätte. Damit ist auch nicht gemeint, dass ehemalige Revolutionäre nicht die Annehmlichkeiten staatlicher Beschäftigungsverhältnisse schätzen konnten – man hatte ja schließlich Anspruch darauf. Gemeint ist eher ein

Nicht-wirklich-zu-Hause-sein-in-der-materiellen-Welt der geistig führenden und die Richtung bestimmenden Kreise, ein Konsens, dass es Wichtigeres gibt als Wirtschaftswachstum und technologischen Fortschritt – die Selbstverwirklichung des Individuums, die Emanzipation aller Benachteiligten, den Schutz von Mensch und Umwelt vor den Gefahren einer technisierten Welt, etc.

Müsste es nicht erstaunen, dass die Grünen jüngst, bei fünf Millionen Arbeitslosen und nach sieben Jahren Regierungsbeteiligung, die »Wirtschaft« erstmals an die Spitze ihres Wahlprogramms stellten – nicht ohne Stöhnen ob der Schwere des »Zugeständnisses« und bei gleichzeitiger Forderung einer Sondersteuer für »Reiche«? Warum fällt es so schwer, anzuerkennen, dass wirtschaftliche Überlebens- und Zukunftssicherung die vordringlichste Aufgabe politischer Führung darstellt, dass gesamtwirtschaftlicher Erfolg nach dem berühmten Diktum zwar nicht alles, dass ohne ihn aber mit Sicherheit alles nichts ist; dass diese Gesellschaft sich trauen kann, Freude an Erfindungen und besseren Lösungen und das Sichdurchsetzen im fairen Wettbewerb wieder zu Bildungszielen zu erklären und sich vornehmen müsste, in einigen Wirtschaftsbereichen wieder an die Weltspitze vorzustoßen; dass selbst, wenn man dies nicht für möglich hält und nach »dritten« und »vierten« Wegen sucht, man übereinkommen könnte, dass wirtschaftliche Zukunftsfragen des Schweißes unserer Besten wert sind und Fantasie und Einfallsreichtum, die wir bei der Inszenierung von Bühnenklassikern stets unter Beweis stellen, in Wirtschaftsfragen nicht falsch investiert wären?

Derweil ist Lähmung festzustellen und Missmut angesichts der Einsicht, dass Wirtschaft dringend auf die Tagesordnung gehört, soll nicht anderes, Liebgewonnenes endgültig von ihr verschwinden. Das Erwachen erfolgt nicht in einer Gesellschaft, die auf materiellen Erfolg bewusst verzichtet hätte, um bisher unerreichte Niveaus kultureller, spiritueller und menschlicher Vervollkommnung zu erklimmen. Mögen sich einige dem Rest der Welt noch so überlegen fühlen – dem nüchternen Betrachter will es eher scheinen, als hätten wir beides zugleich verloren, als hätten wir uns um Materielles zu wenig gekümmert und das Geistige zu wenig gepflegt. Die Verachtung des Materiellen, die wir mit Spiritualität verwechselten, und eine Verachtung des Geistigen, sofern es sich nicht dem innerweltlichen Erlösungswerk dienstbar machen ließ, haben ihre Spuren hinterlassen. Es ist, als wären die eingangs unterschiedenen Seinsbereiche zu einem Ganzen zusammengerührt und verklebt worden, aus dem weder das eine Anliegen noch das andere wirkliche Kraft gewinnen können. Wenn dem so ist, wenn wir uns geirrt haben – und andere Gründe für Pessimismus kann ich nicht erkennen –, so lautet die Aufgabe der nächsten Zeit »Unter-Scheidung«.

Juli 2005

Patriotismus und Gemeinsinn

Immer wieder verfängt sich das politische Denken, das konstruktiv auf die Gegenwart antworten will, in den Fallstricken historisch belasteter Begriffe. Wenn nicht alles täuscht, steht uns eine neue »Patriotismusdebatte« ins Haus, begleitet oder auch nicht vom unscharfen Begriff der »Leitkultur«.

Dabei ist schon »Patriotismus« schwierig genug. Der Begriff hat eine über zweihundertjährige Geschichte, hat in längst geschlagenen Schlachten als Kampfruf gedient und sich unterwegs so manche Konnotation eingefangen, von der man ihn wie im katalytischen Scheidebad erst befreien müsste, soll er heutigen Anliegen dienen.

Im späten 18. und in der ersten Hälfte des 19. Jahrhunderts hat er dem aufstrebenden Bürgertum als Rechtfertigung gedient und den heldenhaften Einsatz für die Nation befeuert, jenen bei uns noch neuen und für viele bald einzigen Kristallisationspunkt menschlicher Identität. Wer für die alten, partikularen Gebilde focht, die dynastischen und Nationen übergreifenden Monarchien, mochte auch von manch edler Regung erfüllt sein und Eigenes zugunsten des Ganzen zurückstellen – Patriotismus konnte er nicht auf seine Fahnen schreiben.

Seltsames geschah dann mit dem neuen Begriff, als er sich durchgesetzt hatte und die neu geschaffene Nation ihn jetzt einforderte, um immer größere Projekte zu beseelen: Aus einer Regung, die das Eigeninteresse überwinden wollte zugunsten von Größerem, wurde eine Triebkraft, die Eigenes vergötzte und Fremdes zu verketzern half. Das in diesem letzten Sinne erfolgende Überwinden des Eigenen, das *pro patria mori* mit seinem falschen Pathos, setzte an die Stelle der stets fruchtbaren Spannung von »Ich« und »Wir« einen pseudomagischen Konstitutionsakt von »Gemeinschaft«. Dass das Individuelle dabei zu verschwinden habe – im Sinne eines »Du bist nichts – Dein Volk ist alles« –, hat den Begriff des Patriotismus bis zum heutigen Tage mit dem Ruch gefährdeter Menschlichkeit belastet. Semantische Rettungsversuche wie die Unterscheidung zwischen einem »bösen« Nationalismus und einem »guten« Patriotismus haben daran letztlich nichts ändern können – der Begriff speichert für uns Deutsche ein historisches Erleben, vor dessen möglicher Wiederholung wir instinktiv zurückschrecken.

Lassen wir uns deshalb aus einem Sprachraum, in dem wir gern den radikalen Individualismus angesiedelt sehen, den Weg zu einem anderen Begriff weisen, der uns eigentlich vertraut sein müsste: In seiner *inaugural address* von 1960 hat John F. Kennedy den berühmten, einfachen Satz gesprochen, der heute sein Grab auf dem Friedhof von Arlington ziert: »Fragt nicht, was Euer Land für Euch tun kann, fragt, was Ihr für Euer Land tun könnt!«

Wie könnte man diese Vektorumkehr des Forderns, dieses Herausrütteln aus der »Was-hab-ich-davon«-Mentalität besser beschreiben als mit dem alten deutschen Wort »Gemeinsinn«, dem Sinn für das Gemeinschaftliche und letztlich auch Allgemeine. Das, was nicht nur mich alleine betrifft, die *res publica*, muss deshalb keineswegs zu einer quasi mythischen »Gemeinschaft« hochstilisiert werden, der private *pursuit of happiness* ist durchaus vereinbar mit dem Eintreten für das, was mehrere, viele oder gar uns alle betrifft. Dass das Allgemeine – nicht immer zuvörderst, aber doch auch – »meins« sein kann, und die Frage, aus welchem Grunde dies so ist, hat in der öffentlichen Debatte und auch in den Schulen mehr Platz und Aufmerksamkeit verdient als bisher.

Vorteilhaft ist auch, dass Gemeinschaften jeder Größe unter und oberhalb der Nationenschwelle, vom schlichten »Du« eines Nächsten über alle Formen sub- und suprastaatlichen Zusammenwirkens bis hin zum Weltganzen, unter den weiten Mantel des Gemeinsinns passen. In dem Begriff lässt sich darüber hinaus das Gefühl unterbringen, dass das Gemeinsame, das uns verpflichten soll, wenn nicht erfunden, so doch noch gefunden werden muss, während die *patria* und das »Vaterland« uns wie germanische Weiber erscheinen, deren nationalen Forderungen wir misstrauen.

Wenn es dann noch gelänge, den Einsatz für die Gemeinschaft nicht als Rettungstat des recht habenden »Ichs«, sondern als Ausdruck und Anerkennung einer essenziellen Verbundenheit der Menschen zu begreifen, dann wäre mit »Gemeinsinn« gar ein Beitrag zur politischen Kultur geleistet. In der Tat schwingt in dem Begriff ja etwas mit, das uns Moderne, die wir Geistiges gern als »Konstrukte« begreifen, verunsichern könnte. Der Begriff tut so, als würde das Gemeinsame, die *koiné* zwischen den Menschen, bereits bestehen und als obläge es uns lediglich, uns auf sie zu be-sinnen. So als wäre hier ein Hinhören gefragt, eine Offenheit für das, was uns, wenn wir es denn wahrnehmen, eines, gemeinsamen, Sinnes machen könnte. Dann aber könnte der stets vorhandene Idealismus sein prometheisches Pathos von der Schaffung einer »neuen Welt« beiseitelegen und sich der weniger spektakulären und nie zu vollendenden Aufgabe zuwenden, Sinn und Ordnung der bereits Bestehenden zu erfassen und zu aktualisieren. Wahrheitsbesitzern wäre mit der genannten Offenheit entgegenzutreten, denn der *sensus communis* ist ein feinfühliges Organ, der zu kritischer Überprüfung rät, wenn allzu forsch ein vermeintliches Gemeinwissen postuliert wird.

Damit wäre aus dem Begriff »Gemeinsinn« am Ende gar ein philosophischer Beitrag gewonnen: Die Ermunterung, die uns stets überfordernde *creatio ex nihilo* sein zu lassen und in innerer und gemeinsamer Erkundung das Fundament zu suchen, das unser Zusammenleben kräftigt und trägt.

März 2006

Amerika in fünf Minuten

Ob ich ihm, fragte mich ein Freund, die Vormachtstellung Amerikas in der Welt erklären könne, in fünf Minuten? »Dazu brauche ich keine fünf Minuten«, entgegnete ich ihm.

Amerika ist der erfüllte Traum von Millionen von Menschen. Eine Idee, eine Spekulation der Renaissancephilosophie, erhielt ab dem 17. Jahrhundert die unerhoffte Chance auf Verwirklichung: Wie wär's, wenn wir noch einmal von vorne anfangen könnten, so wie wir wollen, in Freiheit?

Auswanderung hat verschiedene Motive, aber Auswanderer, wenn sie ihre Schiffe besteigen, teilen zumeist drei Grundzüge des Charakters: Mut, Tatkraft und Zuversicht. Amerika hat die Neuankömmlinge willkommen geheißen, es hat ihnen aber kein Paradies geboten, sondern die Chance zur Bewährung. Meist überstiegen die Schwierigkeiten die Erwartungen, testeten und festigten den Charakter. Wer gewagt und gewonnen hat, hinterlässt der nächsten Generation ein Gefühl von Stolz und Dankbarkeit, und Dankbarkeit ist ein mächtiges Gefühl, das weit in die Zukunft trägt. Man kann sie übrigens sehen: An nationalen Festtagen hissen Amerikaner aller Schichten und Glaubensbekenntnisse das Sternenbanner an ihren Häusern. Das Gefühl, das Links und Rechts und Alt und Jung zum Ausdruck bringen möchten, lautet: *Thank you, America!*

Ein Kontinent mehr als ein Staat, unendlich weit und noch weiter entfernt von anderen Kontinenten, geprägt vom Pragmatismus der Pioniererfahrung und vom britischen Freiheitsdenken des 18. Jahrhunderts, hat Amerika einen Habitus entwickelt, einen *way of life*:

Es lehrt seine Bürger, sich zunächst einmal auf sich selbst zu verlassen, auf Familie und Freunde sodann, auf den Staat zuallerletzt. Es schätzt den Erfolgreichen, ehrt jeden, der es versucht, und hat, bis zu den Kleinsten auf den Sportplätzen, eine Kultur von Ermunterung und Ermutigung etabliert. Die älteste geschriebene Verfassung der Welt, Ergebnis der wohl einzigen Revolution der Neuzeit, die man als gelungen bezeichnen kann, bietet einen stabilen und doch flexiblen Rahmen für die öffentlichen Angelegenheiten. Ein buntes Kaleidoskop selbst finanzierter Kirchen und Kongregationen hält trotz dogmatischer Entgleisungen das christliche Erbe am Leben. Die Stimmung im Lande ist überwiegend positiv, denn es wird viel erreicht und nur das Mögliche erwartet. Allgegenwärtige Sinnsprüche wie *There's no free lunch* lehren die Amerikaner beizeiten, dass sie sich anstrengen müssen. Sie tun dies teilweise mit herausragendem Erfolg, wie ein Blick auf die Liste der Nobelpreisträger zeigt.

Technik war den Pionieren ein wertvolles Hilfsmittel und Technikfeindlichkeit ist ein Wort, das nicht einmal verstanden werden würde. In den Laboratorien Amerikas wirken die Enkel der Pioniere an den *new frontiers* von Wissenschaft und Technologie und erzielen weltweite Erfolge. Ein tiefer Glaube an die Machbarkeit der Dinge sorgt für kurze Wege zwischen Idee und Produkt.

Die Einwanderung der Klügsten und Ambitioniertesten, die der Rest der Welt als *brain drain* erfährt, stärkt die aufstrebenden Kräfte. Über die Hälfte aller PhDs, die höchsten akademischen Weihen, werden auch heute noch an die Kinder von Neueinwanderern verliehen. Mit 2,1 Geburten pro Frau zählt Amerika zur Spitze der industrialisierten Nationen, die resultierende Kinderschar trägt ein Wirtschaftswachstum, das die Alte Welt meist vor Neid erblassen lässt. Eine gewaltige mobile Streitmacht, in vielen Häfen aber auch in den Herzen der Bürger verankert, macht jeden Angriff auf Amerika von vornherein zum Selbstmord.

Das große »Aber«, das mein Freund schon länger auf den Lippen trug, vorwegnehmend, ergänzte ich: Die Schwächen Amerikas sind die Kehrseiten seiner Stärken und die Folgen seiner Erfolge.

Im Vertrauen auf sich selbst und in Abkehr vom Gewesenen, in der gewollten Isolation und der Fast-Autarkie seiner Gründerzeit hat Amerika eine Identität von großer kultureller Homogenität entwickelt. Zu ihr gehört ein Phänomen, das auch die Globalisierung zu überleben scheint: Der Rest der Welt ist weit weg in Amerika, nicht nur geografisch, sondern auch im Bewusstsein. Wo das Eigene mit dem Allgemeinen verwechselt wird, wo Unkenntnis und mangelnde Differenzierung vorherrschen, kann Selbstvertrauen rasch in Selbstüberschätzung umschlagen. Opfer ist vor allem die Außenpolitik, die, von Zwischenphasen abgesehen, handwerklich und im Erscheinungsbild nicht überzeugen kann.

Wem die Überwindung von Grenzen fast zur zweiten Natur geworden ist, der hat oft seine liebe Not mit der Einhaltung und Respektierung von Grenzen. Das Vorwärtsdrängende, Zupackende im Nationalcharakter kann auch in Rücksichtslosigkeit umschlagen, wie die Ureinwohner des Landes am eigenen Leib erfahren mussten.

Optimismus, die habituelle Hinwendung zur *bright side of life*, kann auch mit der Weigerung enden, an Gefahren und den möglichen Ernstfall überhaupt zu denken. Privatpersonen wie Behörden sind vom Phänomen mangelnder Vorsorge betroffen. Unzureichender Versicherungsschutz, Blamagen wie bei Hurrikan Katrina oder die erschreckend niedrige Sparrate der Privathaushalte sind hier die Folge.

Der materielle Erfolg Amerikas befördert eine Kultur der *instant gratification*, den kurzen Wege zwischen Wunsch und Befriedigung. Opfer dieser Einstellung findet man in so unterschiedlichen Lebensbereichen wie der Qualität der Fernsehprogramme, dem durchschnittlichen Hüftumfang der Amerikaner oder beim Missbrauch von Medikamenten.

Selbstverantwortung, eine tief verwurzelte Kultur des freien Wortes und der Respektlosigkeit gegenüber Autoritäten haben allerdings bisher immer wieder gewirkt, dass Fehlentwicklungen erkannt und korrigiert werden konnten. Manchmal braucht es dazu Zeit.

»Apropos Zeit«, erschrak ich, »nun sind es ja doch fast fünf Minuten geworden«.

Juni 2006

Brief aus Washington

Warum muss ich auch zwei Zeitschriften an zwei verschiedenen Zeitungsständen kaufen: »Ihre Bordkarte bitte.« Wieder krame ich das gut verstaute Stück hervor und eile weiter zum nächsten Check. Bis ich meinen Flug nach Washington besteige, habe ich rund ein Dutzend Mal erklärt, wer ich bin, wohin ich fliege, wo ich wohne und warum. Mir ist, als hätte ich einen Blick in unsere Zukunft geworfen, eine Zukunft der diffusen, »asymmetrischen« Bedrohungen, in der sich der Mensch nicht anders zu helfen weiß als durch Kontrollen, bessere Kontrollen und vor allem mehr Kontrollen. *Just doublecheck.*

In die Gegenwart des anrollenden Flugzeuges holt mich das fröhliche Geschnatter zweier älterer Amerikanerinnen zurück. Sie sitzen auf der anderen Seite des Ganges und haben sich gerade kennen gelernt. Die eine erzählt der anderen, dass sie vier Kinder habe, wo diese wohnen und welches von ihnen sie am Flughafen abholen werde. Die andere hat gerade das *inflight shopping magazine* entdeckt und gerät in laute Verzückung ob der ungeahnten Möglichkeit. Mit einem schelmischen Lächeln, auch zu mir hinüber, flötet sie: »*Shopping at the airport, so why not shopping in the air*«, und eine Welle der Zuneigung erfasst mich zu diesen freundlichen, offenen Menschen, deren Land ich jetzt erneut besuche.

So oft bin ich jetzt schon in Amerika gewesen und vergesse doch Wesentliches: Bei *Starbucks*, der amerikanischen Kaffeehauskette mit ihren bekannt großen Portionen, bestelle ich *a small cappuccino*. Der freundliche Schwarze, der mich bedient, entblößt sein blütenweißes Gebiss und bestätigt: »*A tall cappuccino!*« »No, no, small«, beeile ich mich zu versichern, worauf er noch breiter lächelt und erklärt: »*Tall is small.*« Und wirklich: Der kleinste heißt hier *tall*, und wenn ich einen wirklich großen gewollt hätte, hätte ich *grande* oder *venti* (20 Unzen) bestellen müssen. Aber wer will schon Cappuccino als Hauptmahlzeit?

Dass kein Missverständnis entsteht: Ich mag *Starbucks*, trotz hoher Preise und Fantasiecocktails wie *Banana Coconut Frappuccino*. Eine Erwachsenenwelt der beruflichen Aktivitäten und der kurzen Pausen dazwischen, eine Art Außenbüro für viele Amerikaner, die trotz Vollbeschäftigung immer irgendwie *between jobs* oder *in transition* zu sein scheinen. Laptops klappern, wir sind in einem Internet-Hotspot, am Nebentisch wird ein Bewerbungsgespräch geführt, animierter Businesstalk von allen Seiten. Die Energie hat für uns sorgenschwere Europäer etwas Belebendes und ist kein Gegensatz zur Entspannung, die man in den weichen Clubsesseln ebenfalls findet. Man kann bleiben solange man will, kann lesen, Musik hören oder einfach nur die Welt betrachten wie ich an diesem Morgen. Draußen rollt der stark gebremste Verkehr eines Shopping Centers vorbei. Mir fallen die kleinen Asiatinnen am Steuer ihrer überdimensionierten *SUV*s auf. *Small* bleibt *small*. Den Blick nach vorn, konzentriert, gut gekleidet und ein wenig stolz, scheinen sie mir die letzten zu sein auf dieser Welt, die man von unüberwindlichen Gegensätzen zwischen Klassen, Kulturen und Kontinenten überzeugen könnte.

Wissen Sie, wer JonBenét Ramsey ist? Nein? Wenn Sie in diesen Tagen in Amerika auch nur flüchtig Radio oder Fernsehen einschalten, dann wissen Sie es bestimmt. Der Fall der sechsjährigen Beauty Queen, einem süßen Püppchen in Erwachsenenkleidern, das an den entsprechenden Wettbewerben teilnahm, beherrscht alle Medien. Vor zehn Jahren war sie ermordet worden und ihre Eltern waren unter Verdacht geraten. Man hatte ihnen nichts nachweisen können, die Mutter war im vergangenen Jahr an Krebs gestorben, und nun hat ein pädophiler, arbeitsloser Lehrer die Tat gestanden. *WOW!* Sondersendungen auf allen Kanälen, Talk-Größen wie Larry King und Jeff Beck reden von nichts anderem, Verwandte und Freunde der Familie bekommen zur *prime time* ausführliche Interviews.

Der Geständige wird auf einem Flug von einem Journalistenpulk begleitet, der es nicht versäumt, über seine gute Verpflegung zu berichten. Die Nation ist empört und der Besucher fragt sich, ob der öffentliche Diskurs wirklich in diesem Ausmaß von Sensationsgier beherrscht werden muss.

Umso eifriger sucht er, und findet auch die Foren ernsthafterer Debatten, die die Nation, oder Teile von ihr, zum Glück auch noch führen. Der *Public Broadcasting Service (PBS)*, ein von Hörerspenden und Stiftungen finanziertes Network, bietet Expertenrunden und Hintergrundberichte auf höchstem Niveau. Bei *C-Span Radio and Television* ist man rund um die Uhr bei Kongresssitzungen, Pressekonferenzen und Buchpräsentationen dabei. Die bekannten überregionalen Zeitungen *New York Times*, *Washington Post*, und *Los Angeles Times* führen die großen Debatten um Irak, Iran, Klimaveränderung und Immigration mit Engagement und meist regierungskritischer Tendenz. Ein absolutes Muss für den politisch interessierten ist *Meet the Press* am Sonntagmorgen auf *NBC*. Eine der Politgrößen des Augenblicks wird einer einstündigen journalistischen Nagelprobe unterzogen. John McCains »Ja, aber« zum Irakkrieg erscheint mir auch nach einer Stunde nicht stimmig.

Unmittelbar gefolgt wird *Meet the Press* von der *McLaughlin Group*. Der inzwischen recht betagte John McLaughlin versammelt ein illustres Journalistenpanel zu einem eigenartig lauten und ungeordneten *shouting match* politischer und weltanschaulicher Positionen. Erkenntnis- und Unterhaltungswert sind gleichermaßen hoch. Noch kürzer und prägnanter wird diese Auseinandersetzung auf den rückwärtigen Stoßstangen von Autos geführt: »*Proud of America – Ashamed of Bush*« und »*The Christian Right is Neither*« verkünden die *bumper stickers* der einen, »*Annoy a Liberal ... Work Hard and Be Happy*« entgegnen jene der anderen, »*Support Our Troops*« heißt es parteiübergreifend.

Der Zufall führt mich in ein persisches Restaurant in der Nähe meines Hotels. Im Vorraum heißt es »*Wait to be seated*«, und ich habe Zeit, die Wanddekoration zu studieren: große gerahmte Fotos von George Bush sen. und Al Gore – Proporz muss sein – neben lobenden Erwähnungen des Lokals in der örtlichen Presse. Ein Poster fällt mir auf: Es zeigt das Sternenbanner mit der Aufschrift: »*USA – Bravery, Justice, Freedom*«. Überzeugung? Anpassung? Der Wirt, der sein Team mit Kompetenz und Energie dirigiert, scheint mir nicht an mangelndem Selbstvertrauen zu leiden. Ich hätte ihm gerne ein paar Fragen gestellt, aber Politik und Religion sind tabu in amerikanischer *polite conversation*.

Meine Tischnachbarn im Lokal sind überwiegend Perser, manche Englisch sprechend, manche Persisch, manche Frauen mit Kopftuch, manche ohne, die Kinder zahlreich und von amerikanischer Ungezwungenheit. Ich nehme den Eindruck bescheidenen Wohlstands mit, von Zuversicht in der Gestaltung des eigenen Lebens, und die Frage, was sie wohl nach Hause schreiben an die Verwandten unter Ahmadinedschad.

Was aber ist mit der Zuversicht und dem Selbstvertrauen der Amerikaner geschehen? Die Bestseller, die einen im Eingangsbereich der großen Buchketten *Borders* und *Barnes & Noble* geradezu anspringen, lassen Schlimmes bis hin zu Schlimmstem befürchten. »*FIASCO*«, schreit es einem in großen Lettern entgegen. Thomas E. Ricks' Abrechnung mit dem Irak-Krieg[1] ist in dicken Stapeln vom Boden bis in Brusthöhe aufgetürmt. Kein Wunder bei diesem Personal, würde Nixons früherer Justizminister John W. Dean hinzufügen: *Conservatives Without Conscience*[2] lautet sein Titel. Die regierenden Konservativen hätten das Gewissen verloren, der autoritäre Charakter herrsche vor, Demagogie, Konfrontation, Heuchelei und Selbstgerechtigkeit hätten den verantwortlichen Dialog ersetzt und würden die Demokratie nachhaltig gefährden.

Nicht die Konservativen haben ihr Gewissen, das ganze Volk hat den Verstand verloren, wütet Pat Buchanan. Der ehemalige Präsidentschaftskandidat und *leading populist conservative* (Klappentext)

---

[1] Thomas E. Ricks, *FIASCO. The American Military Adventure in Iraq*, New York 2006.
[2] John W. Dean, *Conservatives without Conscience*, New York 2006.

legt ein Buch vor, dessen Titel, wie so oft in Amerika, auch die These des Werkes ist: *State of Emergency. The Third World Invasion and Conquest of America*[3]. Die Invasoren kommen hauptsächlich über die Grenze zu Mexiko, ein bis zwei Millionen pro Jahr. Runde fünfzehn Millionen »Illegale« sind bereits im Land, und auch ohne sie beträgt der Bevölkerungsanteil der *hispanics* in Grenzstaaten wie Texas und Kalifornien bereits vierunddreißig Prozent. Schreibt man die Statistiken fort, lässt sich das Schreckensgemälde eines *multilingual, multiracial, multiethnic, multicultural Tower of Babel* entwerfen mit Verbrechensraten, Sozialmissbrauch und ethnischen Konflikten jenseits des Erträglichen. Das »Ende des Westens« beschwört Buchanan, nicht nur in den USA, sondern auch in Europa, sollte es nicht gelingen, die Invasion aus der Dritten Welt zu unterbinden.

Üblicherweise würden die Wortgewalt und beachtliche Medienpräsenz des Autors – er ist bei der *McLaughlin Group, The Capitol Gang* und bei *Crossfire* zu sehen – nicht ausreichen, um mich zu mehr als Titel und Klappentext zu verlocken. Aber die schlichte Botschaft wird von einem klugen Kopf vorgetragen. Mit einem Zitatenschatz von Toynbee bis Renan und einer Fülle welthistorischer Beispiele entwickelt er eine Theorie menschlichen Zusammenlebens, die das bisherige amerikanische Selbstverständnis herausfordert.

Amerika, so hatte Präsident Bush dieses Selbstverständnis in seiner ersten Antrittsrede noch einmal vorgetragen, sei nicht auf *blood or birth or soil* gegründet, sondern auf *ideals*. Diese Werte, diese Grundüberzeugungen (*creeds*) lassen sich zur Theorie einer *creedal nation* zusammenfassen. Amerikaner sei, wer sich zu den Werten der Freiheit, Selbstverantwortung und Demokratie bekenne, so wie die Väter sie in der Unabhängigkeitserklärung, der Verfassung und der *Gettysburg Address* formuliert haben.

»Einspruch«, ruft Buchanan, diese Grundlage trägt nicht, vor allem dann nicht, wenn es ernst wird. Hat sich etwa Stalin in seiner höchsten Not 1941 auf die Werte des Kommunismus berufen?

---

[3] Patrick J. Buchanan, *State of Emergency. The Third World Invasion and Conquest of America*, New York 2006.

History and heritage, faith and culture, blood and soil – man stelle sich die deutsche Übersetzung vor – bilden die Grundlage der Nation und das Fundament ihrer Zusammengehörigkeit. Und hier liegt auch der Grund, warum die Mexikaner, anders als frühere Neuankömmlinge, sich nicht integrieren werden. Die Geschichte drängt sie, das erlittene Unrecht, den Verlust des heutigen amerikanischen Südwestens, wieder wettzumachen durch eine schleichende *reconquista*. Rassisch passen sie, weil stark indianisch geprägt, nicht zum amerikanischen Mainstream, und kulturell sind sie nie zuvor an eine Nation der »Ersten Welt« assimiliert worden. Fehlt noch, dass Buchanan ihnen die katholische Religion vorwirft, aber das lässt er als Abkömmling irischer Einwanderer denn doch bleiben.

Ich mag das amerikanische Zutrauen zur Evidenz, zum Öffnen der Augen als Grundlage und erste Annäherung an Wirklichkeit. *If it walks like a duck and talks like a duck, it most likely is a duck*, lautet der entsprechende Sinnspruch, der die Möglichkeit der Selbsttäuschung durchaus mitdenkt. Wenn ich von meinen Büchern und meinem *chocolate chip cookie* aufblicke und mich umschaue im Café von *Borders*, weiß ich, warum mich Pat Buchanan nicht überzeugen kann. Ich sehe alle Rassen der Welt vereint beim Studieren, im Zwiegespräch oder beim Anfertigen von Notizen und Hausaufgaben. Mir ist, als sei ich der einzige Europäer unter Chinesen, Indern und eindeutig auch einigen *hispanics*, die englische Bücher lesen und nicht spanische. Selbst der dunkelhäutige Mann links neben mir, der auf Arabisch in sein Handy spricht, kann mich nicht schrecken im Kontext all jener, die mit Eifer oder Gelassenheit die Chancen freien Lebens nutzen.

Bin ich zu sorglos? Tony Blankley, der Herausgeber der konservativen *Washington Times* – nicht zu verwechseln mit der liberalen *Washington Post* – würde dies wohl bejahen. Sein Titel *The West's Last Chance. Will We Win the Clash of Civilizations?*[4] behandelt eine Bedrohung, die Buchanan als nicht »existenziell« abtut: den isla-

---

[4] Tony Blankley, *The West's Last Chance. Will We Win the Clash of Civilizations?*, New York 2006.

mischen Dschihad. Der Westen ist bedroht, weil den muslimischen Einwanderern Europas gelingen könnte, was Nazis und Kommunisten auf Dauer nicht vermochten: Europa in einen Feind Amerikas zu verwandeln durch das schiere Gewicht von Demografie und Entschlossenheit. Nicht zuletzt bedrohe der Westen sich selbst durch seine Ideologie der Selbstverleugnung und *political correctness*. Die Generation Roosevelts und Churchills habe kein Problem gehabt, im Notfall (*state of emergency*) gegen einen tödlichen Feind alle verfügbaren Mittel einzusetzen. Aber kann man die Grundrechte zeitweise einschränken, wie es Blankley fordert, ohne zu wissen, wer man ist? Die Frage der eigenen Identität, das *Who Are We* des gleichnamigen Buchtitels Huntingtons[5], ist eindeutig gestellt im Amerika des Jahres 2006.

Vielleicht werden Selbstzweifel und Verunsicherung besonders spürbar in diesen Tagen, da der 11. September sich zum fünften Mal jährt. *CNN* bringt eine Sondersendung mit dem Titel *In the Footsteps of Bin Laden*, und tags darauf widmet *CNBC* den ganzen Abend einer anderen Bedrohung: *Boomerangst* lautet ein Programmschwerpunkt zum Thema Rentenlücke. *Boomer* meint die nach 1945 geborene Generation der *babyboomers,* und mit dem nicht zufällig dem Deutschen entlehnten Wort »Angst« ist die Angst vor der Versorgungslücke im Alter angesprochen. Wie in Deutschland decken die angesparten Renten den Finanzbedarf einer immer älter werdenden Generation nicht mehr. Die katastrophal niedrigen Sparraten der Privathaushalte verschärfen das Problem. Mit seiner wohltuenden Mischung aus Klartext und praktischen Lösungsvorschlägen ist die Sendung ein willkommener *wake-up call.*

Amerika hat viele Probleme, die wir auch haben. Eines davon sind die stetig steigenden Gesundheitskosten. Amerika hat aber auch Lösungen oder Lösungsversuche, die wir nicht haben, und von ihnen zu berichten, bereitet mir besondere Freude. *USA Today*, die auf-

---

[5] Samuel P. Huntington, *Who Are We? The Challenges to America's National Identity*, New York 2004 (*Who Are We? Die Krise der amerikanischen Identität*, Hamburg 2004).

lagenstärkste Tageszeitung, bringt einen Artikel über *retail clinics* oder *mini clinics*: An einen *Drugstore*, eine Mischung aus Apotheke und Drogerie, ist ein kleines Gesundheitsbüro angegliedert, eine Art Schnell-Praxis für leichte Fälle. *Nurse practitioners* (*NPs*), zwischen Arzt und Krankenschwester angesiedelte Gesundheitsexperten mit sechsjähriger Ausbildung und dem Recht, Rezepte auszustellen, behandeln Patienten ohne Anmeldung rund um die Uhr und an Wochenenden. Die Preise sind öffentlich ausgeschrieben, betragen zwischen fünfundvierzig und fünfundsiebzig Dollar pro Besuch, werden von Versicherungen ersetzt und stellen eine ca. 30-prozentige Kostenersparnis gegenüber konventionellen Arztbesuchen dar. Die zu behandelnden Krankheitsbilder sind klar umgrenzt, circa zehn Prozent der Patienten werden an Fachärzte überwiesen. Ist die Praxis gerade belegt, erhält der Besucher einen Pager und kann seine Einkäufe fortsetzen, bis ihn ein Klingelton zurückruft. Die Ärzteschaft im Lande hat bereits begonnen, auf die neue Konkurrenz zu reagieren und bietet vermehrt *same day appointments* an. Kann man sich derlei Pragmatismus in Deutschland vorstellen? In einem Land, in dem Halbgötter in Weiß das Weihegut »Gesundheit« verabreichen? Wohl kaum.

Wer der 16th Street, der Straße, die am Weißen Haus beginnt, circa zehn Meilen nach Norden folgt, landet in Silver Spring, Maryland, einem der vielen Unterzentren der ständig wachsenden *Washington Metropolitan Area*. Der schwarze Bevölkerungsanteil dominiert eindeutig das Stadtzentrum. Mir fallen Gruppen junger Frauen auf, fast alle mit deutlichem Übergewicht, die sich durch die Hitze des späten Nachmittags schleppen. Darunter die berühmten *teenage moms*, Kinder mit Kindern. Mich beschleicht der Gedanke, dass der amerikanische Sinnspruch für soziale Selbstverantwortung – *to pull your own weight* – sich hier wahrscheinlich schon im Körperlichen erschöpft. Bis zu meiner Ankunft am Ziel, der örtlichen *Hertz*-Filiale, verfolgen mich weitere, politisch unkorrekte Fantasien. Eine junge Afro-Amerikanerin, wie es hier offiziell heißt, deutlich jenseits deutscher Konfektionsgrößen, empfängt mich bei *Hertz* und parkt mein Auto. Sie ist allein im Laden. Es ist sechs Uhr abends, offizieller Geschäftsschluss, und da die Freunde, die mich abholen sollen, sich verspäten, lässt sie mich drinnen warten, anstatt mich mit meinen Koffern in die Hitze hinauszuschicken. Inzwischen reinigt sie den Wasserspender mit Hingabe, scharfer Chemie und einem Liedchen auf den Lippen. Dann will sie wissen, wo ich hinmüsse. Ich nenne den Ort, circa fünf Meilen entfernt, und sie bietet an, mich hinzufahren. Dies sei ohnehin ihre Richtung. Ich danke ihr herzlich und in dem Moment fahren die Freunde vor und laden einen Passagier ein, der eigenartig beschämt vor sich hin lächelt.

Benzin kostet unerhörte drei Dollar – pro Gallone versteht sich, Normalbenzin, circa dreiundsechzig Eurocents pro Liter. Die Gefahr dieser Zahl für den Privatkonsum, auf den die Ökonomen starren, wird in den Medien heiß diskutiert. Auch sonst mehren sich die Anzeichen, dass die große Debatte um Energie und Klimawandel begonnen hat. Im Fernsehen hört man einen deutschen Akzent. Dieter Zetsche, der Chef von *Daimler-Chrysler*, mimt in Werbespots den kauzigen Pädagogen »Dr. Z«, der die Vorzüge seiner sparsamen Dieselmotoren anpreist.

Al Gore ist überall. Der ehemalige Vizepräsident und Präsidentschaftskandidat des Jahres 2000 ist auf einer Mission, sein Volk in Sachen Energieverbrauch zur Umkehr zu bewegen. Sein neues Werk *An Inconvenient Truth*[6] finde ich als Buch im Eingangsbereich jedes Buchladens, auf dem Couchtisch meiner sonst eher unpolitischen Freunde in Virginia und als Film im *home video program* meines Hotels. Geradezu humorvoll (»*I used to be the next President of the United States*«) beginnt der sonst als eher hölzern bekannte Politiker sein Programm. Es folgt ein Feuerwerk an eindrucksstarken Bildern und Schautafeln, die schwer zu vergessen und auch schwer zu widerlegen sind. Die »unbequeme Wahrheit« erscheint als unum-

---

[6] Al Gore, *An Inconvenient Truth*, New York 2006 (*Eine unbequeme Wahrheit*, München 2006).

stößliches Faktum, der Klimawandel und die ihn begleitenden Gefahren sind Wirklichkeit, wir leben in einem »Ausnahmezustand« (*state of emergency*, kommt mir irgendwie bekannt vor), der sofortiges Handeln erfordert. Für dieses Handeln wird auch gleich, wie oft in Amerika, eine Liste praktischer Vorschläge angefügt, von der Wahl der richtigen Glühbirne bis zur Wahl des nächsten Autos. Den Abschluss bildet die Ermunterung zur Zuversicht, die Inspiration an vergangenen Großtaten des Landes. *We can do it.*

»Das musst du dir anschauen.« Die genannten Freunde aus Virginia sind ganz aus dem Häuschen. Tags zuvor haben sie eine Fernsehsendung aufgezeichnet, die ich nicht versäumen dürfe. Nach einigem Zögern und einem guten Essen beim Chinesen stimme ich zu. *ABC's* Film *Last Days on Earth* ist ein Schocker der besonderen Art. Die Welt kann untergehen, und wir zeigen euch wie. Sieben Möglichkeiten der Weltvernichtung werden in der Reihenfolge ansteigender Wahrscheinlichkeit vorgeführt. Wissenschaftler vom Kaliber eines Stephen Hawking und Computeranimationen vom Feinsten sorgen dafür, dass man dabeibleibt. Von Veränderungen im Sonnensystem und Meteoriteneinschlägen über Nuklearkriege und wild gewordene Viren führt der Weg als wahrscheinlichster Bedrohung zur hausgemachten Ökokatastrophe. Und da ist er wieder, Al Gore, mit seinen Bildern stürzender Eisberge, steigender Fluten und dem Aufruf zum sofortigen Handeln. »*The debate is over.*«

Nach so viel *gloom and doom* will ich ein Stück vom amerikanischen Traum zurück und fahre nach Süden, nach Charlotte, North Carolina. Wer die Stadt nicht kennt, ist in bester Gesellschaft. Regelmäßig verwechseln Amerikaner Charlotte, North Carolina, mit Charlottesville, Virginia, dem Universitätsstädtchen Jeffersons. Charlotte Sophia von Mecklenburg-Strelitz, die Gemahlin Georgs III. von England, hat beiden Städten den Namen gegeben, aber Charlotte liegt auch noch in Mecklenburg County und ist tatsächlich von Deutschen gegründet worden. Heute ist die »Queen City« *as American as apple pie*, eine blühende Metropole mit einer knappen Million

Einwohner, Sitz von zwei der größten Banken Amerikas und ein wichtiges Drehkreuz im Luftverkehr. Ich bin wahrscheinlich der einzige Tourist in der Stadt und gefalle mir in meinem vermuteten Inkognito. »*Morning honey!*«, ruft mir die Rezeptionistin meines Hotels entgegen und die sprichwörtliche Freundlichkeit des Südens verbindet sich mit der Vitalität der Gespräche zum Gesamtbild liebenswerter Dynamik. Zur Mittagszeit, in einem Bistro zwischen den Wolkenkratzern von *Downtown*, lausche ich dem munteren Geplauder der Gäste im melodischen Singsang des *Southern Drawl*. Draußen vor dem *Bank of America Corporate Center* eilt ein Fernsehteam von *Fox News* auf mich zu und will meine Meinung zu Katrina wissen, ein Jahr danach. Ich spreche vorsichtig von einer »großen Tragödie«, aber die schöne Interviewerin lässt mich nicht so leicht davonkommen und fragt, wie ich die Reaktion auf Katrina einschätze. »*Could have been more efficient*«, – »hätte effizienter sein können«, rutscht es mir heraus und der Biss auf die Zunge kommt zu spät. Da ist sie wohl, die deutsche Unart, im Gastland moralisierende Bewertungen abzugeben. Zurücknehmen lässt sich nichts. Namen und Adresse will sie auch noch wissen. »*Could you spell that, please?*« Von wegen inkognito.

Etwas belämmert sitze ich auf einer Bank am *square*, nahe den großen Bronzestatuen, die Vergangenheit, Gegenwart und Zukunft Charlottes symbolisieren. Auf dem Heimweg nach Washington, auf der Fahrt durch die wunderschönen und vertrauten Blue Ridge Mountains, tröstet mich der Gedanke, dass ich vielleicht schon etwas mehr bin in Amerika als nur Gast.

September 2006

Wandel im Paradies?

Ein Besuch in Paris

Ob er mit Absicht so fährt? Ein Kunde und guter Bekannter bringt mich von seinem Büro in Saint-Denis ins Zentrum von Paris zurück und der Weg, den er wählt, gerät zusehends zur *Via Dolorosa*. Erst das ausgebrannte Auto am Straßenrand – »*vous voyez*« – (wir sind noch im nördlichen Pariser »Problembezirk«), dann das mächtige Werk von Alstom zur Rechten – hier haben einmal fünftausend Leute gearbeitet, heute sind es noch tausend – dann die neue Siemens-Niederlassung linker Hand – die bringen ihr ganzes Material aus Deutschland mit – gefolgt von einem leer stehenden Industriegebäude, in dem – vielleicht – einmal ein Kulturzentrum errichtet wird. *Mondialisation* und *délocalisation*, »Globalisierung« und »Verlagerung ins Ausland«, sind die Stichworte, alles gehe viel zu schnell. Zum Schluss darf ich mir noch einen Vortrag über die böse EU-Kommission anhören, die die französische Filmförderung beschneiden will. Dabei könnten hier so viele Menschen Arbeit finden, als Statisten beispielsweise. Ich empfinde Erleichterung, als wir uns verabschieden, staunend, dass ein entgangenes gemeinsames Abendessen in Paris – ich hatte mich zu spät angemeldet – auch als Wohltat erscheinen kann.

Um zehn Uhr abends ist der *Virgin Megastore* an der Metro Grands Boulevards noch geöffnet. Ich will mich nach ein paar alten Chansons umsehen, aber der Büchertisch mit den politischen Bestsellern des Augenblicks lässt mich nicht vorbei. Was beschäftigt die Franzosen? »Es reicht« ihnen wieder mal, *ras-le-bol* heiß die Grundstimmung, aber genau genommen reicht es ihnen immer, seit ich sie kenne. Politische *livres de circonstance* bringen überall das Leiden an

Ort und Zeit zum Ausdruck, aber nur in Frankreich ist das Urteil über die Herrschenden derart vernichtend, ist der politische Diskurs von einem drohenden Grollen unterlegt, das da raunt: Wenn sich nicht bald etwas ändert, dann ... Wenn ich einmal Zeit habe, will ich den Zusammenhang zwischen Verbalradikalismus und Systemstabilität untersuchen ...

In Zeiten wie diesen, am *fin de règne* von Jacques Chirac, kommt zur Verstimmung noch die Enttäuschung. Seit den Tagen, als Schmähreden den letzten Gang Ludwigs XIV. begleiteten, ist dies die Stunde der Abrechnung. Angeführt wird die Liste der Schmähredner, und der Bestseller, vom Starjournalisten Franz-Olivier Giesbert und seinem Titel *La Tragédie du Président*.«[7] Aus Jahrzehnten privater Gesprächsnotizen ist ein ernüchterndes Porträt der politischen Klasse und eines Mannes entstanden, »der eingemauert in der Einsamkeit des Elysée-Palastes die Zeit totschlägt, die sich auf die Dauer rächt, indem sie ihn lebendig beerdigt«. Mehr als eine halbe Million Franzosen haben ihren Hang zur Diskretion schon überwunden und sich ergötzt an *Privatissima* wie dem Heißhunger des Präsidenten oder seinem Selbstporträt als *Cromagnon*-Mann, der nach seinen Jagdzügen draußen immer wieder gern zurückkehrt in die heimische Höhle der Ehe.

Daneben gibt es *Accusé Chirac, levez-vous*[8], *Jacques le Petit*[9], *L'Irresponsable*[10] und neuerdings Jean Montaldos *Chirac et les 40 Menteurs*[11], eine Art Fortsetzung zu seinem Buch von 1994 *Mitterand et les 40 Voleurs*[12], das sich 800 000-mal verkaufte. Auch diesmal stehen die Chancen nicht schlecht, denn der einstige Chirac-Anhänger

---

[7] Franz-Olivier Giesbert, *La Tragédie du Président*, Paris 2006; Franz-Olivier Giesbert, *Jacques Chirac. Tragödie eines Mannes und Krise eines Landes. Skandale und Enthüllungen*, Berlin 2006.
[8] Denis Jeambar, *Accusé Chirac, levez-vous! Édition mise à jour. Le mot de la fin?*, Paris 2006.
[9] Laurent Mauduit, *Jacques le Petit*, Paris 2005.
[10] Hervé Gattegno, *L'irresponsable. Une présidence française*, Paris 2006.
[11] Jean Montaldo, *Chirac et les 40 menteurs*, Paris 2006.
[12] Jean Montaldo, *Mitterand et les 40 voleurs*, Paris 1994.

findet, dass sich »nichts geändert und sogar ... alles verschlechtert« habe (*aujourd'hui, rien n'a changé – pire encore! – tout s'est agravé*).

Also im Westen nichts Neues? Doch, doch, aber vielleicht erst auf den zweiten Blick, oder wann hat man so etwas schon einmal gelesen: »Die Tyrannei der Buße. Versuch über den westlichen Masochismus« (*La tyrannie de la pénitence. Essai sur le masochisme occidental*[13]) von Pascal Bruckner. Mit der »Bußfertigkeit«, der »Selbstbezichtigung« des Westens, nimmt der Autor eine Denkfigur aufs Korn, auf die so mancher bei uns stolz ist. Nicht die Anerkennung vergangenen Unrechts ist gemeint; sie ist Voraussetzung allen Neuanfangs und wird von Bruckner ausdrücklich bejaht. Es geht um die Überspitzung und Generalisierung, um das Verharren im *mea culpa*, ohne zeitliche Begrenzung und historischen Kontext. Derlei ist weder harmlos noch edel, es ist anmaßend, realitätsblind und es schwächt uns. In der scheinbaren Demutshaltung lauert eine verdeckte Selbsterhöhung (*glorification détournée*). Das Böse kann nur von uns kommen, Böses an anderer Stelle wird systematisch entschuldigt oder verharmlost, selbst die Unbilden der Natur wollen die »Funktionäre der Erbsünde« noch auf ihr Konto buchen. Der Westen als »kranker Mann« der Welt.

Mit dem Wunsch, das Böse zu beherrschen, indem man es auf sich nimmt, berührt Bruckner die pseudoreligiöse Wurzel des westlichen Masochismus. Der Punkt wird aber nicht vertieft. Als guter Psychologe zeigt er uns, was wir »davon haben«, wenn wir uns selbst geißeln (*l'autoflagéllation*), als kluger Analytiker von Wirklichkeit zeigt er, was »es uns kostet«, wenn wir in Dauerzerknirschung verharren. Dem Schwarz-Weiß-Bild der Ideologen stellt er ein nuanciertes Bild des Westens gegenüber: »Europa, das ist die Schoah *und* die Zerstörung des Nazismus, der Gulag *und* der Fall der Mauer, die Kolonialreiche *und* ihre Auflösung, die Sklaverei *und* ihre Abschaffung ...«

---

[13] Pascal Bruckner, *La tyrannie de la pénitence. Essai sur la masochisme occidental*, Paris 2006.

Als Kinder der Aufklärung bewahren wir die Fähigkeit zu Selbstkritik und Selbstkorrektur – in Teheran und Peking, in Algier, Khartum und Karatschi würde man sich etwas mehr davon wünschen.

Was aber geschieht, wenn diese Gabe vom Schuldkomplex erdrückt wird? Das Schlusskapitel, *Dépression au Paradis*, zeichnet ein schonungslos-kritisches Bild der französischen Gegenwart – eine weitere Perle auf der langen Kette brillanter Chroniken des *Mal français*. Frankreich ist »der große Verlierer des Mauerfalls«. Seiner Vermittlerrolle zwischen den Blöcken beraubt, den rauen Winden der Weltwirtschaft ausgesetzt, ohne Aufgabe für die Zukunft (*en panne de destin*) zieht es sich auf sich selbst zurück. Sicher, »es lebt sich nirgends besser als in Ländern, die sich im Abstieg befinden, wenn die nachlassende Vitalität eines Volkes die eigenen Traditionen umso reizvoller macht«. Nur lauert hinter der verfeinerten Lebensart, hinter Verschwörungstheorien, Liberalismusschelte und wohlfeiler Schulmeisterei – die Angst. *La France a peur du monde.*

Dem großen Wurf des Essayisten tritt der Fachhistoriker mit seinen Zahlen und Tabellen zur Seite. Vom Titel her ähnlich ambitioniert – *Pour en finir avec la répentance coloniale*[14], »Das Büßen für die Kolonialzeit beenden« – sind die Ausführungen des Algerienspezialisten Daniel Lefeuvre eher ein Lehrstück in Detailkunde. Eine komplexe Wirklichkeit wird vorgeführt, die sich der Einteilung in gut/böse und schwarz/weiß hartnäckig verweigert und lieb gewordene Mythen verschwinden lässt. Weder verdankt Frankreich seinen Reichtum den Kolonien – teilweise waren sie ein von nationalem Ehrgeiz getriebener Zuschussbetrieb – noch haben die Zuwanderer aus den Kolonien das Nachkriegsfrankreich wieder aufgebaut. Neben Ausbeutung und Erniedrigung gab es immer auch Zuwendung und Unterstützung. Am Ende fällt mir ein, dass ich derlei doch schon einmal gelesen habe, vor Jahren, in einem Werk voll ähnlicher

---

[14] Daniel Lefeuvre, *Pour en finir avec la répentance coloniale*, Paris 2006.

Achtung für die Vielschichtigkeit des Realen: Raymond Arons *Plaidoyer pour l'Europe décadente* von 1977[15].

Yvry-la-Bataille, ein kleiner Ort eine Stunde westlich von Paris, ist stolz auf seine Geschichte und seine industrielle Tradition. Die Wasser der Eure, die die Stadt durchfließen, haben einst das Seilerhandwerk begünstigt und später, und weil die Techniken sich ähneln, ist daraus die Herstellung von Kabeln geworden. Ein Zweigwerk von Alcatel, inzwischen eigenständig und umbenannt, hält die Tradition des Ortes hoch. Das Gros der Kabelfertigung, so erklärt man mir, findet heute in Tunesien statt – wir erinnern uns, *la délocalisation*. Mit meinem Freund und Geschäftspartner Jean-Marie besuche ich die Firma, um über die Lieferung von Bauteilen zu verhandeln. Die Gebäude am Fluss stammen aus dem 19. Jahrhundert, und es ist typisch für Frankreich, dass diese Tatsache nicht allzu sehr von den Details äußerer Präsentierbarkeit überdeckt wird. Bei den Beratungen hält mich ein Naturschauspiel gefangen: Vor den Fenstern des Verhandlungsraums führen Spinnen aller Größen ihren faszinierenden Kampf ums Dasein. Was danach geschieht, ist, Gott sei Dank, ebenfalls typisch für Frankreich: Jean-Marie lädt uns alle zum Mittagessen ins bekannte *Moulin d'Ivry* ein. Zwischen zwei rauschenden Armen des Flusses liegt idyllisch die ehemalige Mühle des Ortes. Das gediegene Innere des Lokals und die gereichten Köstlichkeiten atmen Tradition, hohe Kunst und Lebensart. Ein Mitglied der Runde, ein Stadtverordneter von Ivry, erzählt von der Schlacht (*la bataille*), die Heinrich IV. hier in der Nähe geschlagen hat. Nach fast drei Stunden erscheint die geschäftliche Zukunft auf ein reiches Tableau geteilter Genüsse und Geschichten gebettet.

Als ich am Abend desselben Tages bei Jean-Marie im Wohnzimmer sitze, begegnet mir eine Geschichte wie aus einer fernen Zeit. Er öffnet die Post und zeigt mir eine Einladungskarte, die er in seiner Eigenschaft als *conseiller municipal*, als Stadtrat seiner westfranzö-

---

[15] Raymond Aron, *Plaidoyer pour l'Europe décadente*, Paris 1977.

sischen Gemeinde erhalten hat. Darin wird seine Präsenz erbeten bei einer Totenehrung am 11. November, am Tag des Waffenstillstands mit Deutschland im Ersten Weltkrieg. »Was passiert da«, will ich wissen. »Wir ziehen«, berichtet er, »in einer Prozession vom Rathaus zum *Monument aux Morts*, der Bürgermeister voran mit seiner blau-weiß-roten Schärpe, danach die *anciens combattants*, die Veteranen, gefolgt von den Volksvertretern, der Kapelle und den Gästen. Nach dem Abspielen der *Marseillaise* werden die Namen der Gefallenen verlesen, beginnend beim Krieg von 1870 über die beiden Weltkriege bis zum Indochina- und Algerienkrieg. Nach jeder Gruppe erschallt der Ruf »Morts pour la France!«. Es folgt ein Trompetensolo, der gefühlvolle *Appel aux morts*. Den Abschluss bildet ein Umtrunk, *le pot de l'amitié*, zu dem die Veteranen die Volksvertreter einladen.

Ich blicke wohl etwas nachdenklich. »Wir haben dabei keine antideutschen Gefühle«, versichert mir Jean-Marie und ich glaube ihm aufs Wort. Nur erhält das Wort »wir« ein ganz anderes Gewicht, wird runder, vollständiger, wenn es auch die vorangegangenen Generationen umfasst, und unter diesen Einzelne, die ihr Letztes gaben für ihr Land. Ist der *11 Novembre* vielleicht doch nicht der Anachronismus, als der er mir immer erschien? Später werde ich erfahren, dass diesmal auch ein Aufruf des Veteranenministers verlesen wurde, in dem es heißt, die Feinde von einst seien des *amis indéfectibles* geworden, Freunde ohne Wenn und Aber.

Zwei Tage später habe ich Gelegenheit, mich bei Jean-Marie mit einem Essen in Paris zu bedanken. Nicht zum ersten Mal wählen wir *Le Bar à Huitres* an der Ecke Boulevard du Montparnasse/Boulevard Raspail. Zum ersten Mal kommt zum üblichen Meeresgetier die Krabbe hinzu, vor deren logistischen Komplikationen mit ihren Beinchen und Scheren ich bisher immer zurückgeschreckt bin. Nun also, 40 Jahre nach meinem ersten Frankreichbesuch, ist auch *le crabe* vor mir nicht mehr sicher und Jean-Marie erklärt souverän, was man essen darf und was nicht und wie man mit dem langen Zweizack an die entlegensten Köstlichkeiten kommt. Die Knoblauchmayonnaise dazu bringt den Kick. Ich weiß alle heimischen

Weight Watchers in sicherer Distanz und verlasse die Tafel nach zweieinhalb Stunden, der Rechnung zum Trotz, mit einem Gefühl der Bereicherung. Dazu gehören auch Eindrücke wie dieser: Als ich Jean-Marie, Mitglied der Regierungspartei *UMP*, nach den Wahlchancen seines Kandidaten Sarkozy bei den Präsidentschaftswahlen im Frühjahr frage, spricht er von der *rupture*, vom »Bruch« mit lieb gewordenen Gewohnheiten, den der Kandidat anstrebe. Ich kann nicht umhin, ein leichtes Zögern bei ihm zu bemerken, eine kaum merkliche Beklemmung der Kehle, die mit einem Schluck Sancerre rasch gelöst wird. Ob »Sarko« auch an Angela Merkel denkt und an ihr Wahlergebnis von 2005?

Veränderung, und in ihrem Schlepptau Vergänglichkeit, fallen mir mehr auf in letzter Zeit als früher. Vielleicht war ich zu sehr damit beschäftigt, dem Ungeist der Zeit, der die Menschennatur für veränderlich hält, zu widersprechen und »Nichts Neues unter der Sonne« zu rufen. Es gibt viel Neues in Paris – nicht nur Schlechtes –, aber manchmal trifft es mich doch schmerzlich: in der Rue Monsieur le Prince, nahe dem Jardin du Luxembourg, suche ich das *Hotel de Medici*, wo ich einst, als Student, in einer Dachstube für dreizehn Francs, an einer Arbeit über Ludwig XIV. schrieb. Das Hotel gibt es nicht mehr, die Währung natürlich auch nicht, und stattdessen zähle ich in der kleinen Straße allein sieben japanische Lokale, womit der Hauch von Exklusivität, der die Fischröllchen einst umgab, ebenfalls entschwindet. Ehe mich die Nostalgie übermannt, vergewissere ich mich im *Café Danton*, dass ein *café express* noch so gut schmeckt wie früher, dass französische Kellner schnell und effizient sind wie eh und je, und dass die steile Wendeltreppe hinunter zu den Waschräumen noch immer die gleiche – ja vielleicht sogar erhöhte – Aufmerksamkeit erfordert. Auch die Metro riecht unverändert, das Völkchen ist gleich bunt, wenn nicht bunter, und nur am Ausgang, auf der funktionierenden Rolltreppe, wird's plötzlich ungewohnt und unfranzösisch: Eine Lautsprecherstimme warnt in fünf Sprachen, darunter in reinstem Deutsch: »Bitte verschließen Sie Ihr Gepäck und achten Sie auf Ihre Wertsachen.«

Nicht immer gelingt der Umgang mit Fremdem so perfekt. Das Englische blüht, der *Loi Toubon* zum Trotz, in der französischen Alltagssprache. Ein Gesprächspartner preist *le know how* seiner Firma. *Pardon?* Ich neige mich nach vorn, um besser zu verstehen. Französisch ausgesprochen ergibt *know how* eine Art bellendes Geräusch, einem getretenen Hund nicht unähnlich. Manchmal muss ich mich nicht schämen, wenn ich ein Wort nicht verstehe.

Auch manche Autoren verstehe ich nicht. Von Louis Chauvel und seinem Buch *Les Classes Moyennenes à la Dérive*[16] hoffe ich zu erfahren, was es nun auf sich hat mit dem »Abgleiten der Mittelschichten«, von dem auch schon in der amerikanischen Soziologie die Rede war.[17] Erstaunlicherweise kann von einem echten materiellen Niedergang keine Rede sein, allenfalls von schlechteren Zukunftsaussichten für die Jugend, da der öffentliche Dienst nicht weiter ausgebaut werden kann. Ich stolpere über einen Begriff: *Les Trentes Glorieuses*. Damit sind die dreißig Jahre zwischen 1945 und 1975 gemeint, die als Hochphase stetig steigender Einkommen und »Hoffnungen« der Mittelschicht beschrieben werden. Ich bin im späteren Abschnitt dieser glorreichen Zeit viel in Frankreich gewesen und kann berichten, wie Studenten und andere Träger gesellschaftlichen »Bewusstseins« diese Zeit tatsächlich empfanden. Man glaubte, in einer Art Endphase bourgeois-repressiver Verkommenheit zu leben, an deren Horizont die neue Zeit schon ihre ersten Lichtstrahlen aufleuchten ließ. Bezugspunkte waren weniger die Aufstiegschancen als die Eingreiftruppen des Innenministeriums (*CRS*), die letzten Hinrichtungen unter Georges Pompidou und die Aussicht auf eine Zukunft lebensfeindlicher Angepasstheit[18],

---

[16] Louis Chauvel, *Les Classes Moyennes à la Dérive*, Paris 2006.
[17] Zum Beispiel Elizabeth Warren, *The Middle Class on the Precipice*, Harvard Magazine, Jan-Feb. 2006, S. 28–31,89 und Thom Hartmann, *Screwed: The Undeclared War against the Middle Class – And what you can do about it*, New York 2006.
[18] Unvergesslich ist mir das Lied *La Montagne* (1964) von Jean Ferrat, in dem er den Aufstieg in die Mittelklasse wie folgt darstellt: *Il faut savoir ce que l'on aime et rentrer dans son HLM, manger du poulet aux hormones* – ab in die Sozialwohnung – zu Hühnchen mit Hormonen.

bei der Frankreich noch dazu die schlechteren Karten hatte[19]. So viel zum Verhältnis von Realität und Bewusstsein. Für Louis Chauvel sind die Mittelklassen vor allem ein Gesellschaftsentwurf (... *avant tout un projet de société*). Mit ihnen verband sich die Erwartung auf Wohlstand für alle bei stetig sinkendem Arbeitseinsatz. Dass dieses Modell in der Krise ist, wird man gerne bestätigen. Nun kann man auf diesen Umstand reagieren, indem man neue, durchaus realitätsstiftende Begriffe in die Welt setzt wie *la dérive*, oder aber man kann ... aber lassen wir das für ein andermal.

Das Taxi zum Flughafen wartet. Viel zu schnell sind ein paar Arbeitstage und ein Wochenende in Paris vergangen. Der Fahrer, ein Mann mittleren Alters, strahlt grimmige Entschlossenheit aus. Er ist Vietnamese, und das scheint ihm das Recht zu geben, alle Pariser Autofahrer zu Vollidioten zu erklären. Hupen, Schimpfen, wilde Gesten, einem verdutzten Ampelnachbarn wird durch das geöffnete Fenster lautstark erläutert, wer nach den Regeln hier die Vorfahrt hat. Was hat der Mann bloß? So kenne ich Asiaten gar nicht. Gewiss, der Boulevard Périférique ist alles andere als *fluide* und abrupte Spurwechsel und andere Drängeleien bieten reichlich Stoff für Entrüstung. Links und rechts breitet sich eine triste Industrielandschaft aus mit Hallen und grauen Büros, Gegensatz und Lebensgrundlage der Bistros und Boutiquen von Saint-Germain. Als wir uns dem Flughafen nähern, sorge ich selbst für die Verstimmung, indem ich nochmals nachdrücklich auf mein Fahrziel Terminal 2D hinweise. »Ich mache dieses Metier seit dreizehn Jahren«, platzt es aus ihm heraus, »seit ich bei einem Autounfall meine Frau und meine drei Kinder verloren habe. Ich selbst hatte beide Beine zertrümmert und war ein ganzes Jahr im Krankenhaus. Glücklicherweise (*heureusement*) ist das in Frankreich passiert und nicht in Vietnam, dort hätten sie mir die Beine amputiert.« Ich nehme das Kompliment an den Westen mit betretenem Schweigen entgegen. Beim Aussteigen merke ich, dass der Mann stark hinkt. Unversehens fällt das Trinkgeld

---

[19] Schon damals fühlte sich Frankreich unterlegen, allerdings eher gegenüber dem Nachbarn Deutschland. Vgl. Alain Peyrefitte, *Le Mal français*, Paris 1976.

etwas höher aus als geplant. Die *Concorde* dringt in mein Bewusstsein, die am Ende des Rollfelds steht als Mahnmal einstiger technologischer Größe und eines Unglücks, bei dem ein entfernter Bekannter von mir hier ums Leben kam. *Heureusement* sind meine Knochen heil, morgen ist Montag und das Leben voller Möglichkeiten.

Dezember 2006

URLAUB AUF DER BAUSTELLE

Ein Besuch in Katar

Land ist vielleicht zu viel gesagt, aber Staat, ein kleiner, selbstbewusster Staat am Persischen Golf ist Katar und keine Erkrankung der Atemwege, wie ein Spötter kürzlich schrieb. Um es gleich eingangs zu gestehen: Ich bin in Katar gelandet, weil es nach Oman keine Flüge mehr gab und weil, vielleicht, ein guter Geist mir einflüsterte, etwas anderes zu machen als alle Anderen. Ich habe es nicht bereut.

Wo Katar genau liegt, musste auch ich suchen und fand, nördlich der Vereinigten Arabischen Emirate und südlich der Insel Bahrain, eine kleine Halbinsel, einer Nase ähnlich, die sich vom saudischen Festland in den Persischen Golf hinausstreckt. Halb so groß wie Hessen und eher flach, Wüste zur Gänze und dünn besiedelt, ist Katar auf seine Hauptstadt Doha konzentriert, die uns zur Abendstunde empfängt.

Was kann man erwarten, wenn 800 000 Menschen riesige Ölvorkommen und die drittgrößten Gasvorräte der Welt besitzen, wenn Beduinen, Perlentaucher und Händler gepackt und wie im Zeitraffer ins 21. Jahrhunderts geschleudert werden: eine Stadt – und eine Gesellschaft – als Baustelle.

Um es genau zu sagen sind es nur die 350 000 Einheimischen, die die Reichtümer besitzen – der Rest sind »Gastarbeiter« aus den ärmeren arabischen Staaten und aus Asien – und »besitzen« ist wohl auch nicht das richtige Wort, da das Herrscherhaus die Wirtschaft dominiert in Gestalt des Emirs, seiner Hoheit Shaik Hamad bin Khalifa al-Thani und seines »designierten Nachfolgers« Shaik Tamim bin Hamad bin Khalifa al-Thani. Aber noch ehe uns der Gleichheitsimpuls übermannt, sei schon zu Anfang das Erfolgsgeheimnis nicht nur der hiesigen Dynastie verraten: Die Herrscher der kleineren Golfstaaten teilen ihren Reichtum mit den Untertanen in einem Ausmaß, das weltweit seinesgleichen sucht. Steuern sind unbekannt, Bildung und Gesundheitswesen sind kostenlos, Benzin kostet sechs Eurocents pro Liter und der Staat gewährt den Seinigen eine Fülle von »Privilegien«. Wenn es etwas zu fürchten gibt, dann am ehesten, dass die Menschen nicht ausreichen für all die begonnenen »Projekte«.

Ich habe so manche Stadt im Bau gesehen, Dubai, Shanghai und Singapur, aber noch nie ist es mir begegnet, dass die Mehrheit der Wolkenkratzer, circa fünfzig an der Zahl, noch im Bau ist und ganze Landstriche kilometerweit die Spuren beginnender Bautätigkeit aufweisen. »*In three years it will be quite different here*«, sagt der indische Fahrer. Da muss man kein Prophet sein.

Der Empfang im Hotel ist märchenhaft. Feuchte Tücher werden gereicht, gefüllte Datteln und in winzigen Porzellantassen ein grünliches Getränk von exotisch betörendem Duft: arabischer Kaffee. So will man sie eingeleitet sehen, die erste arabische Nacht, in der mich allerdings von draußen ein brummendes Geräusch irritiert, das ich mir nicht erklären kann.

Wie sich Westliches und Einheimisches begegnen, ob das Einheimische gar verdrängt wird, wie man immer wieder argwöhnt, lässt sich an Festtagen besonders gut beobachten. Der Zufall des Mondkalenders will es – muslimische Feiertage »wandern« im 354-Tage-Rhythmus um das Jahr –, dass das westliche Neujahrsfest und das Opferfest der Mekkapilger, Eid al-Adha, in diesem Jahr zusammenfallen. Für die Gäste aus dem Abendland ist das größte Restaurant des Hotels festlich geschmückt. »*Happy New Year!*« Wer noch staunen kann bei all dem Überfluss, dem wird ein grandioses Buffet mit Bergen von Hummerschwänzen, Austern und Jakobsmuscheln unvergesslich bleiben. Zu später Stunde tritt eine brasilianische Sambatruppe auf. Die Mädchen verwenden zur Verdeckung ihrer Blößen ungefähr so viel Stoff wie die verhüllten Katarerinnen ein paar Meter weiter um ihre Augen herum aussparen. Letztere ziehen sich, an der Seite ihrer stolzen weiß gekleideten Männer, zu ihren eigenen Feiern in die pompösen Repräsentationsräume zurück. Zutritt nur für Geladene.

Fast also wären die Kulturen unter sich geblieben an diesem Abend, hätten nicht die Sambatrommeln nach Mitternacht ein paar junge Katarer in die Nähe der Neujahrsfeier gelockt. Oder hatte es sich gar herumgesprochen, dass es hier etwas »zu sehen« gab? In der Hotelhalle grüßt die Feiernden ein gewaltiges Blumengesteck mit einer Blütenschrift in den Landesfarben Rotbraun auf Weiß: »*Happy Eid*«!

Terrorismus ist bekanntlich noch nicht aufgetreten am Golf und auch sonst sucht man vergeblich nach den Spuren eines *clash of civilizations*. Gelegentlich mag es, wie an diesem Morgen, zu einem *clash of lifestyles* kommen. Die Brasilianerinnen der vergangenen Nacht treffen sich zu einem privaten Fotoshooting am Pool und ihre vorbeiwandelnden, völlig verhüllten Geschlechtsgenossinnen würdigen sie keines Blickes. Es kommt nicht oft vor, dass derlei Zurschaustellungen mit britisch anmutendem Großmut »ignoriert« werden müssen. Das Bestehen auf gewissen Standards, auch wenn es nicht die unseren sind, scheint die »Zivilisiertheit des öffentlichen Raums« (Ulf Poschardt) zu befördern – niemand lümmelt etwa in Badekleidung an den Marmortheken der Hotelrezeption herum. Die Männer in Katar strahlen Würde und Gelassenheit aus – in ihrem Gehen, das eher ein Schreiten ist, in ihren respektvollen Begrüßungsgesten, teils durch Berühren der Nasen, durch ihre blütenweißen knöchellangen Gewänder, deren Makellosigkeit mir stets ein Rätsel bleibt.

Die Frauen, die ein erster Impuls bedauert ob der durchgehaltenen Verhüllung, lassen Stilbewusstsein und auch Selbstbewusstsein erkennen. Man trägt *Prada* – ein kleines teures Täschchen an der rechten Schulter zur seidig glänzenden, schwarzen *abaya*, silbrige oder gar bunte Stickereien darauf, dazu erlesenen Schmuck und am Ohr das neueste Handy. Autofahren ist für sie, anders als in Saudi-Arabien, selbstverständlich (und was für Autos!), und wenn sie unter sich sind in Cafés und Restaurants, blitzen Lebensfreude und Temperament auf. Gemeinsam hinterlassen Männer und Frauen, wenn sie vorübergehen, den Duft betörender Parfums. Körperpflege wird auch bei Männern groß geschrieben und man trifft sie im Spa eher als auf dem Laufband.

Was mich an Katar denn reize, war ich zu Hause gefragt worden mit einem Unterton, der Kopfschütteln bis hin zu leichtem Tadel verriet. Auf der Suche nach einer Antwort war ich in philosophisch-religiöse Tiefen geraten. Es mag ja sein, dass das unberührt Natürliche wertvoller ist als das vom Menschen Gemachte und Veränderte. Aber muss auch jedes halbe Haus von gestern, jede Ruine interessanter sein als das halbe Haus, das gerade entsteht? Etwas mehr Ernst bitte, hatte es geheißen. Fast konnte man den Eindruck gewinnen, als kämen für den zivilisationsmüden Bildungsbürger nur zwei Arten von Reisezielen in Frage: Jene, deren gut erhaltene Spuren früherer Aktivitäten ein Eintauchen in die Vergangenheit erlauben und jene, deren Armut und Schwäche vieles unberührt lässt. Selten wird dabei gefragt, ob die »Ursprünglichkeit« für die Einheimischen genau so reizvoll ist wie für die Besucher. Wird die Armut dann mit Energie und Einfallsreichtum überwunden, wird das Ergebnis säuerlich beäugt.

Jetzt, da ich hier bin, kann ich den Reiz Katars besser benennen. Es ist die Lust, ein Entstehen zu erleben, noch bevor es erkannt und »begriffen« wird, pure Gegenwart zu atmen, noch bevor sie »story« wird wie die Erfolgsstory des benachbarten Dubai. Und neue Staaten, hätte ich zu Hause antworten können, ermöglichen das Überprüfen alter Annahmen:

Wir sind es gewohnt, rasante Entwicklung mit massiven Problemen zu assoziieren, mit Raubtierkapitalismus à la Russland, Umweltzerstörung à la China, Slums und sozialen Brüchen à la Brasilien. Nichts von alledem, oder nichts davon sichtbar, in Katar. Freiheit und Ordnung, Planung und Eigeninitiative scheinen eine bewundernswerte Balance gefunden zu haben. Ob dies auf Dauer gelingt, wie es weitergeht, sind im höchsten Maße spannende Fragen. Wie im Labor lassen sich am Golf gängige soziologische und kulturgeschichtliche

Theorien testen: Können in einer modernen, konsumorientierten Gesellschaft die religiösen Bindungen bestehen bleiben? Lähmt das hohe Maß staatlicher Daseinsfürsorge nicht auf Dauer den menschlichen Tatendrang? Lässt sich der Status staatsbürgerlicher Zweitrangigkeit aufrechterhalten für die vielen Fach- und Arbeitskräfte, die das Land benötigt, anlockt und überzeugt? Zumindest ist der Wert der *human resources* voll erkannt. Vor den Toren Dohas steht und entsteht auf zehn Quadratkilometern ein Megacampus, die von der Qatar Foundation getragene *Education City*. Einheimische Bildungseinrichtungen und Dependancen amerikanischer Universitäten vernetzen sich zu einem Wissenszentrum der Superlative. Geleitet wird die *Education City* von einer Frau.

Ein Ausflug in die Wüste ist ein Erlebnis von tiefer Faszination mit manch unfreiwilliger Komik. Wir fahren zur *Inland Sea* an der saudischen Grenze. Sie ahnen es schon beim Wort »fahren«: Die Wüstenschiffe haben hier acht Zylinder und als Kamel fühlt man sich eher selbst, wenn bei einem Zwischenstopp der Weihnachtsbauch auf dem Höckertier mühsam um Balance ringt. Zunächst beeindrucken linker Hand die nicht enden wollenden petrochemischen Anlagen und Öltanks von Mesaid. Als die Jeeps durch Minderung des Reifendrucks auf die Dünenfahrt vorbereitet werden, tritt einer der Fahrer in die Wüste hinaus und betet in Richtung Mekka, als bitte er um das Gelingen des Unternehmens. Wenig später wünscht man, man hätte selber seinen Frieden mit dem Allmächtigen gemacht. 60 Meter hohe Dünen werden mit Vollgas erstürmt und in fast senkrechten Abfahrten mit Rucken und Rütteln wieder geräumt. Mancher schließt dabei die Augen. Die Begleitmusik liefern die stampfenden Rhythmen des kürzlich verstorbenen James Brown. *Shake it, baby!* Wie auch nicht.

Nach einem grandiosen Sonnenuntergang wird es schnell dunkel – das weiß man noch von Karl May – und auch, dass Wüstennächte kalt sind. Heuer übertreibt der katarische Winter etwas – es soll der kälteste seit 1964 sein –, und so kommt im Beduinenzelt bei einheimischer Kost nicht allzu viel Sehnsucht nach »ursprünglichen« Lebensformen auf. Ein indischer Ökonom, Mitfahrer im Jeep, drängt sich mit uns am Feuer und illustriert, in seiner Person und in seinen Worten, die globalisierte Welt. In Indien geboren, mit einem Doktortitel aus Washington, lebt er in Australien und berät, vorübergehend, die im *Gulf Cooperation Council* zusammengeschlossenen Golfstaaten. Das hiesige Wirtschaftswachstum, sagt er, 13,5 Prozent pro Jahr, und das seines Heimatlandes stünden in keinem Verhältnis zu *Europe's sleepy economy*. Da hat er wohl recht.

Auf der Heimfahrt verhilft er uns zu einer weiteren Erkenntnis: Die katarische Musik im Radio ähnelt im Rhythmus und sogar einigen Textpassagen der Musik des südindischen Kerala. Eine jahrhundertealte, wechselseitig fruchtbare Beziehung verbindet die Golfstaaten mit Indien.

Auch bei Dunkelheit lebt die Wüste. Ein etwas unheimliches Schauspiel verlangt nach Aufklärung: Riesige schwarze Kipplaster bewegen sich in einem endlosen Konvoi durch die Nacht. »Sand für die Baustelle der *Pearl*«, sagt der Fahrer. Im Meer vor Doha wird eine künstliche Lagune aufgeschüttet, 30 000 Menschen werden eine Mischung aus Côte d'Azur und Venedig bewohnen, mit teuren Apartments, Bootsanlegeplätzen und Restaurants. Der Wüstensand dafür wird rund um die Uhr gebracht, und es erklärt sich das brummende Geräusch, das ich des Nachts in meinem nahe gelegenen Hotel vernahm.

Man soll mir nicht nachsagen können, ich sei nicht im Museum gewesen. Das National Museum ist in einem alten Herrscherpalast untergebracht und zeigt viel Sehenswertes. Es lässt die früheren Lebensformen – Beduinenleben, Perlentaucherei, Handelsfahrten – lebendig werden, nicht in der Absicht, Entschwundenes zu beklagen, sondern um Angestammtes mitzunehmen in eine bejahte moderne Gegenwart. Allgegenwärtig ist das Bemühen der Katarer, lokale Stilelemente als »Zitate« zu übernehmen und Segel und Schiffsformen, Muscheln und Windtürme präsent zu halten im öffentlichen Raum. Das Ergebnis kann sich sehen lassen. Vergleiche mit Manhattan oder

»Mainhattan« wird die Skyline von Doha allemal für sich entscheiden. Ausgefallene Formen und Farben, edle Materialien und eine lockere Raumgestaltung machen die Hochhauslandschaft attraktiv.

Dass ich einmal gerne in verrauchten Räumen sitzen würde, hätte ich mir nicht gedacht. Der *Shisha-Divan*, die Wasserpfeifen-Bar unseres Hotels hat es uns angetan. Bei der *shisha* entsteht der feine Duft dadurch, dass der Rauch über Fruchtessenzen geführt wird wie Apfel, Orange und Granatapfel. So kommt es, dass aus jedem Winkel der Bar eine andere Note sanfter, fruchtig-warmer Gerüche aufsteigt. Wohliges Blubbern benebelt die Sinne. Die meinen wohl auch, denn ich versuche heimlich zwei junge Katarer zu fotografieren, die sich uns gegenüber auf dem Diwan räkeln. Der Versuch wird entdeckt und großzügig quittiert mit der Bereitschaft, sich gemeinsam aufzustellen zu einem »Gruppenbild mit Dame«. Ich mache ein paar freundliche Bemerkungen über Katar. Als Antwort erhalte ich einen Merksatz, zum Geleit quasi, da sie schon wieder weiterziehen: »Alles hier ist auf die kluge Politik *(wise policies)* des Emirs zurückzuführen.« Man schluckt, man ist es nicht gewöhnt, dass Politiker gelobt werden. Bei genauem Hinsehen aber scheint Anerkennung für die Staatsführung am Platze. Dass Reichtum an Öl nicht automatisch blühende Landschaften bedeutet, zeigt ein Blick nach Nigeria oder Venezuela. Ich hätte noch gern das Verhältnis von Fremden und Einheimischen angesprochen und muss mir jetzt wohl selbst meinen Reim darauf machen.

Wenn man den Grad der Integration von Ausländern auf einer Skala messen wollte, dann müssten die Golfstaaten wohl die unteren Ränge einnehmen. Sie wären bei jenen, die Zuwanderung zwar gestatten bis hin zur eigenen Majorisierung, aber Zugehörigkeit zur Gemeinschaft fast unmöglich machen. Arbeit auf Zeit, bei anständigem Lohn und kostenloser Gesundheitsfürsorge: ja. Bleiberecht, Familiennachzug, Aussicht auf Einheirat und Staatsbürgerschaft: nein. Am anderen Ende der Skala stünden die USA als klassisches Einwanderungsland. Sie lassen einem auf Dauer gar keine andere Wahl als dazuzugehören, und machen die Zugehörigkeit leicht.

Und Europa? Das »Weltkind in der Mitt'n« hat sich den schwierigsten Part ausgesucht. Zuwanderung wird unter Schwierigkeiten gestattet, Abschottung und Ghettobildung bleiben möglich. Zwei Sprachen, zwei Pässe, zwei »Heimaten« bergen Konfliktpotenzial und nähren die latente Sehnsucht nach dem »starken Emir«.

Beim Frühstück lese ich in der *Gulf Times*, dass 2006 die Zahl der Übergewichtigen weltweit erstmals die Zahl der Unterernährten übertroffen hat. Einige meiner arabischen Tischnachbarn, Männer wie Frauen, können trotz Ganzkörperverhüllung die Zugehörigkeit zur neuen Mehrheit nicht verbergen. Und noch etwas anderes lese ich in der guten, objektiven Meldungsübersicht, etwas, das mein Urlaubsland ungewollt ins Zentrum des Weltgeschehens rückt: Russland dreht Weißrussland den Gashahn zu, und Europa bedenkt seine Versorgungssicherheit. Eine Antwort auf die neuen Fragen könnte in Ras Laffan liegen. Achtzig Kilometer nordöstlich von Doha entsteht am Meer ein gewaltiger Industriekomplex mit der einzigen Aufgabe, Gas aus dem vorgelagerten *North Field*, dem größten der Welt mit vierzehn Billionen Kubikmetern, aufzunehmen und weiterzuleiten. Während die Ölreserven des Landes bei heutigen Entnahmeraten in dreiundzwanzig Jahren zur Neige gehen, beträgt diese Zahl beim Gas hundertfünfzig Jahre. Und Gas wird immer wichtiger, da neue Technologien es transportfähig und als Kraftstoff verwendbar machen. *LNG, Liquified Natural Gas* heißt das Produkt, das entsteht, wenn Gas auf minus 162° Celsius gekühlt und in riesigen Spezialtankern rund um den Globus geschickt wird. Und noch ein neues Kürzel wird man sich merken müssen: *GTL (Gas to Liquids)*, eine leichtere, umweltschonendere Art von Dieselkraftstoff, die in Ras Laffan aus Erdgas gewonnen wird.

Es könnte also sein, dass auch in Deutschland bald ein Terminal zur Aufnahme der Riesentanker entsteht, die heute fast ausschließlich ihren Weg nach Asien nehmen. Und dass Angela Merkel, bei ihrem Besuch in der Region in ein paar Wochen, das Thema Flüssiggas anspricht.

Am letzten Abend bin ich an der Rezeption mit Details unserer Abreise beschäftigt, als plötzlich Schüsse fallen. Die Hotellobby erstarrt. Aus der überdachten Auffahrt hallen Rufe, knallen Türen, dringt der Lichtschein eines großen Auftritts. Einer Flotte schneeweißer *Mercedes S500* und *Porsche Cayenne* entsteigt geräuschvoll eine einheimische Festgesellschaft in Galaroben. Ein Mann in einem ungewohnt schwarzen Umhang mit Goldtressen wendet mir den Rücken zu und empfängt huldvoll die Ehrbezeugungen der Ankommenden, Nasenberührungen zumeist. Woher die Schüsse kommen, ob es gar gezielte Fehlzündungen der Motoren sind, kann ich nicht ausmachen, die Knallerei geht weiter. Da stürzt aus dem Inneren des Hotels eine schwarz verhüllte Frau nach draußen und herrscht die umstehenden Leibwächter an, zuerst auf Englisch, dann auf Arabisch: Das Schießen müsse sofort aufhören, es seien bereits hochgestellte Persönlichkeiten im Saal. Und wirklich, wie von Geisterhand bewirkt, erlischt der Lärm und der Besucher bleibt zurück mit seinen widersprüchlichen Eindrücken von der Stellung der arabischen Frau.

Auch an diesem Abend lese ich wie an jedem Abend die Geschichten aus Tausendundeinernacht in der neuen, wortgenau derben Übertragung von Claudia Ott. Vielleicht geht es ja, denke ich mir, mit der Weltgeschichte so wie mit dieser langen, immer wieder neu einsetzenden Erzählung: sie ist nicht so schnell zu Ende. In Katar hat *Schahrasad* gerade begonnen, eine neue spannende Geschichte zu erzählen.

Februar 2007

»Stop Global Whining«

Streifzüge an Amerikas Südgrenzen

Es dauert nicht lange auf meinem Flug nach Amerika, bis sich ein Gefühl der Zuneigung bei mir einstellt zu meinen amerikanischen Flugbegleitern, den *flight attendants*. Ich frage mich, warum. Sie sind im Schnitt etwas älter als ihre deutschen Kolleginnen und entsprechen rein äußerlich eher selten dem alten Stewardessen-Ideal. Auf dem heutigen Flug begleiten uns eine Weiße, über fünfzig, mit grau gelocktem Haar, mütterlich jovial, eine Schwarze, etwas jünger, kräftig und *hands-on*, sowie ein Mischling mit asiatischem Einschlag, verschmitzt und mit pfiffiger Kurzhaarfrisur. Selbstverständlich locker stellen sie den Kontakt zu uns her, lächelnd verkünden sie die Botschaft: Wir kümmern uns um euch, und ihr macht bitte, was wir sagen. Und noch eine andere Botschaft empfange ich, eine, die mir vertraut ist in Amerika aus den Situationen eines nie ganz perfekten Alltags: Es ist eine Art wortloser Solidarität der betroffenen Kreaturen, hier der arbeitenden mit der eingepferchten. »Ach«, sagen die lächelnden, etwas müden Augen, »das Leben ist halt wie es ist. *This ain't no paradise!*«

Oder doch? Als *paradise in the sun* gibt sich das sonnige Florida und hält Wort, zumindest was das Wetter betrifft. Ich habe meinen Alltag für ein paar Tage unterbrochen und tauche ein in eine Welt, deren Lebensform amerikanisch, deren Kommunikation aber weitgehend zweisprachig ist. Die Werbung sagt es am klarsten, denn sie muss die Menschen erreichen. »*Ahorre!*«, lese ich als Erstes auf dem Flughafen von Miami. »Sparen Sie!«

Schon vor Jahren hat Samuel Huntington beklagt, dass der *Miami Herald*, die große Lokalzeitung, nur überleben konnte, indem sie sich klonte und mit *El Nuevo Herald* einen spanischsprachigen Zwilling gebar. Tatsächlich hängt am Morgen des ersten Tages das gewichtige Doppelpack an meiner Hoteltür und gibt mir Einblick ins örtliche Geschehen. Wenn mich mein etwas angestaubtes Spanisch nicht trügt, so ist ein gewisser Stolz herauszuspüren auf die Machtstellung der *raza*, des spanisch sprechenden Kulturkreises im *sunshine state*. Anders als in den übrigen USA stellen die gebildeten, meist aus Kuba zugewanderten *hispanics* hier die oberen Ränge der Gesellschaft. Auf den Sonderseiten über *América Latina* erfahre ich mehr über die Region als in Wochen heimischer Zeitungslektüre. Eine Karikatur des *Herald* zeigt eine Megabaustelle mit dem Verkehrsschild: »Nächste staufreie Zone vierzig Meilen.« In der Tat ist der Bauboom, trotz der jüngster Abschwächungen, entlang der Südküste ungebrochen. Lateinamerikas neue Diktatoren sorgen dafür, dass der Zuzug an zahlungskräftigen Neubürgern nicht abreißt. Immer neue, hoch gelegene Traumapartments mit Meerblick entstehen. Auf Erden ergibt sich manch unparadiesischer Stau.

Auf der Meinungsseite beklagt ein Latino-Aufsteiger, dass die Seinen noch zu selten ins gehobene Management vordringen. Vielleicht, denke ich im Rückblick auf ein Erlebnis der vergangenen Nacht, nimmt ja so mancher diese Mühen gar nicht auf sich, weil die ersten Stufen der *corporate ladder* hier so niedrig sind. Müde vom langen Flug war ich an einer Theke in Miami Beach gesessen und hatte von meiner erhöhten Warte die Herstellung von Sandwiches und Hamburgern beobachtet. Dass der *burger flipper* und die Kellnerin beide spanisch sprachen, schien keine Garantie für Verständigung zu sein. Wovon hing es ab – oder war es schlicht egal –, dass der Käse mal auf der Mayo landete und mal unter ihr, dass die Burger manchmal blutig gerieten und manchmal leicht verkohlt, dass Produkte mit und ohne Tomaten, Gurken, Zwiebeln und Salatblatt am Ende dieselben schönen Namen trugen? Sollte ich mich nun abwenden mit Grausen oder zusehen und lernen, wie man es nicht macht, für den Fall, dass ich einmal Arbeit brauchte in diesem Land? Manchmal, wenn der Service schlecht ist im Land des leichten Anfangs, wünscht man sich, die vielen Schilder »Now Hiring« trügen nicht den stummen Zusatz »*anybody*«.

Bei Florida denken wir auch an Gesetzlosigkeit, seit der elegante Don Johnson in der Serie *Miami Vice* die örtliche Unterwelt unterwanderte. Die Unterwelt selbst ist mir nicht begegnet, wenn man zehn Dollar für ein schlechtes Glas Weißwein nicht doch als Raub bezeichnen muss. Aber Unterschwelliges, Unerklärliches, ein unbestimmtes Hoffen auf etwas, das jenseits der etablierten Ordnung liegt, nehme ich wahr auf meinem Weg in den Süden, zu den Florida Keys. Ein Hauch von Sehnsucht liegt über diesen tropischen Inseln, die sich von Horizont zu Horizont aufreihen wie Perlen an der Kette eines silbrigen Highways. Die Motorräder werden mehr und auch die Kormorane, die uns begleiten, »nichts müssen und alles dürfen« verheißen die Steel Drums, *Cocomo* von den Beach Boys spielt der Lokalsender. Von den vielen Brücken fällt der Blick auf verschwiegene Buchten und klares türkisfarbenes Wasser. In einem hüttenartigen Strandcafé in Key West bestelle ich entgegen meiner Gewohnheit ein Mixgetränk mit Rum. Passe ich mich dem etwas verwegenen Umfeld an oder folge ich einem Motto, das ich auf einem T-Shirt las: *»To be old and wise you have to be young and stupid first?«* Ein anderes T-Shirt am Nebentisch verkündet unter einem Piratenlogo: »*The beatings will continue until morale improves.*« Vielleicht gilt der Spruch ja den Motorradfahrern vor dem Café, die etwas Selbstironie gut gebrauchen könnten: Die Piratenstirnbänder, die tätowierten Muskeln, die Bierflaschen in den kräftigen Händen künden von einer Entschlossenheit, der sich die Insel als Ganzes rühmt: *You don't tell me what to do!* 1982 trat die *Conch Republic*, die »Muschelrepublik« Key West vorübergehend aus den USA aus, weil das FBI auf der Suche nach Schmugglern allzu oft die Ausweise kontrollierte. Noch heute wehen zwei Fahnen an den Masten und bei einem *Secretary General of the Conch Republic* kann man die »Staatsbürgerschaft« der Insel erwerben. Amerikanischer Nonkonformismus ist durchaus nicht immer sanft oder gar »links«. Er kann auch »muskulös« sein wie die *Harley*-Fahrer vor meinem Café.

Das Wohnhaus Ernest Hemingways, der hier einige seiner Meisterwerke schrieb, zeigt man mit Stolz und für elf Dollar. Mit seinem dichten Pflanzenkleid, seinen weißen Katzen und schwarzen Hähnen hat das Haus etwas Verwunschen-Paradiesisches. Eine Gruppe junger Frauen fotografiert kichernd Hemingways Bett. In den Straßen sitzen alte Männer schwatzend und rauchend auf den Stufen ihrer Holzhäuser. *Take it easy, baby*, scheinen sie zu sagen, »nichts ist so wichtig wie es scheint.« *Stop Global Whining* lese ich an der Theke eines Coffeeshops.

Auf einer Holzbrücke im Everglades-Nationalpark drängen sich die Menschen. Ich geselle mich dazu. Unter uns im von Pflanzen durchwobenen Wasser liegen reglos einige Alligatoren. Auch eine Wasserschlange, eine Wasserschildkröte, große gefleckte Fische und weiße Reiher zeigen sich den staunenden Blicken. Ein Gefühl von Jagdglück herrscht in der Runde, hektisch klicken die Kameras. Die Alligatoren verharren unbewegt oder gleiten wie von Geisterhand bewegt ein paar Meter, majestätisch und mit geschlossenen Augen dahin. Würde und Elend des Menschen! Der Mensch ist neugierig auf das Tier, das Tier, das nicht gefüttert werden darf, ist nicht neugierig auf den Menschen.

Ein Schneesturm über den Rockies beschert mir einen ungeplanten Zwischenstop in Denver und eine lange Taxifahrt zum Flughafen. Der Morgen ist kühl und klar, majestätisch ragen die schneebedeckten Berge hinter der Stadt auf. Es ist ein paar Jahre her, dass ich zuletzt hier war, der nagelneue Flughafen und Spuren von Wohlstand fallen mir auf. Was die Stadt denn am Laufen halte, frage ich den Fahrer, und der freut sich über ein Gespräch. »Die Luftfahrtindustrie«, sagt er und erwähnt *Boeing* und *Lockheed-Martin*, er selbst habe jahrelang bei den Zulieferern gearbeitet. Ob ich denn diese Firma kenne, will er wissen, oder jene, wenn ich wolle könne er mir gerne Kontakte herstellen. Als er in eine andere Stadt versetzt werden sollte, hätten er und seine Frau dies abgelehnt. »Das« sagt er und meint damit das Taxifahren, mache er nur vorübergehend, er wolle sich bald selbstständig machen. Ich frage nicht in welcher Branche, er muss wohl um die fünfzig sein, und ich wünsche ihm, dass er es schafft.

Ein Geschäftsfreund, Tim Eyerman, ist aus Maryland nach El Paso, Texas umgezogen, wo er seit Jahren eine kleine Elektronikfertigung betreibt. Aus unseren Telefonaten kenne ich seine Begeisterung für sein neues Domizil und weiß, dass mich bei meinem Besuch ein Schnellkurs in Heimatkunde erwartet.

Zunächst war mir neu, dass Texas so weit nach Westen reicht, ins trockene Hochland der Rockies hinein, auf denselben Längengrad wie Denver. Das Zentrum von West Texas, El Paso, erfasst man am besten von oben, vom Franklin Mountain, einem gewaltigen Felsbuckel am nördlichen Stadtrand, den eine Drahtseilbahn erklimmt. Unter uns liegt das weitmaschige Straßengitter einer amerikanischen Großstadt, unterbrochen von zwei großen, hellen Aussparungen: einem Bahngelände, einem gigantischen Containerbahnhof, der die Warenströme Mexikos und auch Chinas (vom Hafen San Diego kommend) aufnimmt und umgruppiert für die Weiterfahrt in den Norden. Und einem Militärgelände, das den Horizont berührt, Fort Bliss, der Welt größtes Luftfahrttrainingszentrum, Ausbildungsstätte seit Jahrzehnten für die künftigen Piloten der Bundeswehr.

Eine dünne Linie begrenzt das Straßengitter; was jenseits liegt, wiewohl auch Stadt, scheint etwas ganz anderes zu sein: kleinteiliger und engmaschiger, bunter und wild gewachsen erstreckt sich Ciudad Juárez, die mexikanische Drei-Millionen-Stadt, vom Grenzfluss Rio Grande bis an den Horizont. El Paso mit seinen 600 000 Einwohnern erscheint größer, aber vielleicht täuscht ja die Perspektive. Wie diese verschiedenen Gebilde auf engstem Raum koexistieren und zusammenwirken, macht mich neugierig.

Zunächst besuchen wir die schönen alten Missionskirchen am Mission Trail und mit *The Cattleman's Steakhouse* ein Denkmal für den *can-do-spirit* der Region. Im Niemandsland eine halbe Stunde östlich von El Paso, an einem Flecken so malerisch desolat, dass schon mehrere Western hier gedreht wurden, hat der Deutsche Dieter Gerzymich zunächst einen Reitpferdeverleih und dann ein Restaurant, einen Zoo und eine Musterranch errichtet. Ohne Werbung und Wegweiser, aber weithin bekannt bietet er seinen Gästen Attraktionen aus einer Welt, die unberechenbar und gefährlich war. Die Klapperschlangen, beruhigt man uns, hielten gerade Winterschlaf. Die Longhorn-Rinder solle man lieber nicht streicheln. Auf einer Balustrade vor dem Fenster stolzieren prächtige Pfauen und blicken verächtlich herab auf unsere Riesensteaks. Wo die Straße, auf der wir herkamen, denn hin führe, will ich von mehreren Leuten wissen. Man wisse es nicht, nirgendwohin, irgendwann höre sie wahrscheinlich auf. In meinem Hinterkopf formt sich ein Projekt für meinen nächsten Besuch ...

Tim stellt mich seinen Mitarbeiterinnen vor, jungen freundlichen Mexikanerinnen, die nach detaillierten Bauplänen elektronische Spulen wickeln. Auch die Atelierleiterin ist Mexikanerin und spricht in gutem Englisch mit ihrem Chef über technische Details. Wenn man großzügig sei und bei familiären Anlässen Freizeit gewähre, habe man keine Probleme, erklärt er mir, die Mitarbeiter seien fleißig und treu, ein Anfangslohn von sechs Dollar fünfzig und spätere Steigerungen seien angemessen. Überhaupt ist Tim ein zufriedener Mensch. Das trockene Höhenklima (eintausendvierhundert Meter) und die viele Sonne tun ihm und seiner Frau gut, er liebe, was er tue, und denke mit seinen sechsundsechzig Jahren nicht ans Aufhören. Die Stadt wachse dynamisch, die Menschen seien freundlich, die Kriminalität gering. Was es heißt, Immigrant zu sein, weiß er selbst noch recht gut, als Kind hat er in Columbus, Ohio – der Stadtteil heißt heute *German Village* – überwiegend Deutsch gesprochen. Spuren der Anhänglichkeit an die Heimat der Väter sind seine Liebe zu einem alten Mercedes Diesel und sein Engagement in der örtlichen *Lutheran Church*.

Ich will auch die andere Seite kennen lernen, die andere Seite des Rio Grande. Hier bietet sich der *border hopper* an, ein im Stil eines alten *street cars* gestalteter Bus, der stündlich sechs Haltepunkte in Juárez ansteuert, überwiegend »Kaufgelegenheiten«. Bereits nach dem dritten Stop bin ich der einzige Fahrgast. Der Fahrer, ein Mexikaner mit freundlichen, wachen Augen, erklärt mir unaufgefordert und in holprigem Englisch seine Stadt. Vom berühmten Sänger, der seine Prachtvilla an der Stelle baute, an der seine Mutter ihn als neuntes Kind in einer Hütte großzog, bis zu den neuen Fabriken der Amerikaner, die auf dem letzten technologischen Stand seien. Ob er denn seine Route verlassen und mich zur Kathedrale *Virgen de Guadalupe* fahren könne, frage ich und erhalte ein überraschendes »Ja«. Auf dem großen Vorplatz sitzen Männer mit breiten Hüten, schwatzend oder das Leben betrachtend. Auch ich trage einen neuen Strohhut, aber mit meiner Eile, in Kürze das Wichtigste zu erfassen, komme ich mir recht unmexikanisch vor.

Am spannendsten wird es kurioserweise, als nichts mehr weitergeht, im Stau auf der Brücke, bei der Wiedereinreise in die USA. Ein dichter Strom von Fußgängern zieht rechts an uns vorbei, Mexikaner in Eile, konzentriert, eher gut gekleidet, überwiegend positive Erwartung ausstrahlend. »Einwohner von Juárez haben einen Sonderausweis und können jederzeit rüber«, klärt mich der Fahrer auf. »Jährlich geben sie drei Milliarden Dollar in El Paso aus.« Ich rechne kurz nach. Bei drei Millionen Einwohnern wären dies tausend Dollar pro Person – könnte stimmen. In der Mitte der Brücke bleibt er stehen, um mich aussteigen und die Grenzmarke zwischen den *Estados Unidos Mexicanos* und den USA besser betrachten zu lassen. Der Rio Grande unter uns, zweigeteilt und befestigt, macht seinem Namen keine Ehre. Als ich wieder einsteige, blickt mich der Fahrer prüfend an und fragt, ob ich *padre* sei. Ich verstehe zunächst nicht und referiere meinen Familienstand, bis mir klar wird, dass er mich für einen Priester hält. Wie er denn darauf komme. Weil ich so freundlich lächle, sagt er, und gibt mir Gelegenheit, meinen Beruf zu erwähnen und das Kompliment zu erwidern. Zu den freundlichen Blicken habe er noch die gute Tat gefügt, sage ich, indem er mich herumfahre und viele Fragen beantworte. Und so sitzen wir denn, patres und fratres im Geiste neugieriger Freundlichkeit, auf unseren erhöhten Podesten während die Grenzstation allmählich näherrückt. Als Fahrgast des *border hopper* müsse ich nicht anstehen, sondern könne gleich zum Schalter gehen, sagt er. Ich überwinde meine priesterliche Zurückhaltung und werde Zeuge, wie der Mexikaner vor mir nach Studium der Papiere verhaftet und in den umzäunten Bereich für die Abschiebehäftlinge geführt wird. Die Umstehenden, ja beinahe er selbst, scheinen nicht sonderlich überrascht. Auf der anderen Seite warten mein Bus und eine offene Stadt, die die vielen Neuankömmlinge zu ihren Erledigungen, Begegnungen und Einkäufen willkommen heißt. Beiderseits des Rio Grande, gewinne ich den Eindruck, erstreckt sich ein *land of hope*.

Von einer Tagesfahrt durch das rotbraune Hochland begleiten mich starke Bilder in vertrautere Gefilde, in den Großraum von Phoenix, Arizona. Die Tatsache, dass ich die Eltern meines Schwagers hier schon öfter besucht habe, bewahrt mich nicht vor Irrfahrten über hochbeinige Umgehungsstraßen und durch neue, bisher nicht existente Stadtteile. Vertrautheit mit amerikanischen Metropolen ist ein verderbliches Gut – oder liegt es am Namen meines Zielorts, Surprise, Arizona?

In Phoenix lässt sich ein Phänomen beobachten, für das sich im amerikanischen Sprachgebrauch der Ausdruck *urban sprawl* eingebürgert hat. Ein bereits großflächig bebautes Gebiet wächst weiter in die Breite, Zentren und Unterzentren entstehen, die *sub-urbs* sind dabei häufig größer und attraktiver als die *urbs* (*downtown*). Phoenix hat viele Trümpfe, die den Zuzug vor allem aus Kalifornien begünstigen: das trockene Klima, Immobilienpreise weit unter Westküstenniveau, niedrigere Verbrauchs- und Grundbesitzsteuern – amerikanische Stadtbudgets finanzieren sich weitgehend aus Abgaben auf das Wohneigentum – und Erdbebensicherheit. Wer allerdings geglaubt hatte, mit einem Umzug den legendären Staus von Los Angeles zu entgehen – *surprise, surprise!*

Der Bruder meines Schwagers, ein zweiundfünfzigjähriger Unfallchirurg aus Tucson, und seine Partnerin wollen es nun endlich wissen, Pete und Mary-Jo heiraten. Brüder und Schwestern, Neffen und Nichten aus den entlegensten Winkeln der USA nutzen das Ereignis für ein Familientreffen. Meine herzliche Aufnahme im erweiterten, teils noch unbekannten Familienkreis berührt mich. Wir treffen uns im traditionsreichen *Arizona Inn* in Tucson und nach einer entspannten »Generalprobe« in einem *southern style*-Restaurant. Der Hochzeitstermin war um Wochen vorverlegt worden, da Pete eine weitere und diesmal wohl letzte Einberufung in den Irak bevorsteht – er ist Reserveoffizier und Wundärzte sind gefragt. Man könne sich nicht vorstellen, sagt er, was die Jungs im Irak und in Afghanistan durchmachen. Das Thema Irak lässt niemanden unberührt und es herrschen dazu unterschiedliche Meinungen am Tisch. Deren Austausch verhindert der ältere Bruder mit einem energischen Themenwechsel. Der frisch Vermählte soll demnächst nicht mit dem Gefühl in den Krieg ziehen, dass er zu Hause nicht hinreichend unterstützt wird. *Support our troops!*

Ein anderer Kampf wird auch mir aufgezwungen, und in diesem lustvollen Umfeld ist er besonders hart. Art und Umfang amerikanischer Nahrung verlangen tägliches Heldentum. Ich sehe die Riesenportionen am Nebentisch und entscheide mich für *waist-management*, eine Vorspeise tut's auch. Eine *chicken enchilada* lacht mich an. Ich bekomme vier riesige Fladenstücke, gefüllt mit einer köstlichen Mischung aus Hühnerfleisch, Gemüse und viel Käse. Dazu, unaufgefordert, einen *Ceasar's salad* mit noch mehr Käse und großen Croutons. Ich schätze das Ganze auf zweitausend Kalorien. Die freundliche Frage der Bedienung nach *some dessert* beantworte ich mit einem hilflosen Augenaufschlag zur Decke. Soll ich nun die Großzügigkeit des Landes bewundern oder entgegen meiner Neigung eine Verschwörung der Lebensmittelindustrie unterstellen, der es regelmäßig gelingt, uns mehr Kalorien anzudrehen, als uns guttun? Gerne und häufig wird das Unbewältigte eingepackt und im *doggy bag* nach Hause getragen, wo es selten der Hund verzehrt und häufig der Mensch.

Die Trauung am nächsten Tag ist ein Erlebnis. Dem katholischen Pfarrer, Father Ivan, einem kleinen Chinesen mit hintergründigem Humor, gelingt eine denkwürdige Zeremonie. Die zwanzigjährige *on-and-off*-Beziehung des Paares wird in der Predigt als »Ring-Parabel« erzählt, vom fernen *encounter-ring* über wiederholtes *suffer-ring* plus *engagement-ring* bis hin zum abschließenden, im Sakrament erhöhten *marriage-ring*. Die selbst kreierten Symbolhandlungen, leicht und tief zugleich, sowie die anschließenden Feiern hinterlassen tiefe Eindrücke.

Auf der Rückfahrt nach Phoenix, Zufall oder nicht, begleitet mich ein Paar im Auto, das im Familienkreis für seine strenge Religiosität bekannt ist. Anders als in Amerika üblich, suchen sie schon bald das Gespräch über Gott. Sie tun dies nicht forsch und belehrend, sondern eher tastend und wie verunsichert durch die Präsenz eines Fremden. Wie so häufig im angelsächsischen Protestantismus war ihre Gruppierung strenger Presbyterianer aus einer Folge von Abspaltungen, Neugründungen und Umbenennungen entstanden. Jetzt fühlten sie sich zu Hause. Man nehme, sagt die Frau, die Bibel am liebsten so wörtlich wie möglich, mit Ausnahme der Stellen natürlich, die offensichtlich bildlich gemeint seien. Hier spricht die Lehrerin. Ich äußere Verständnis für die strenge Trennung von Kirche und Staat in Amerika, sie beklagt sie. Ihr Sohn heißt Calvin und auf Nachfrage wird mir bestätigt, dass der sommersprossige, wohlerzogene Teenager tatsächlich nach dem Genfer Reformator benannt ist. Ob er weiß, welcher Stern da über seine Lebensbahn gestellt ist?

Eine bedeutende Frage scheint der Frau noch auf der Seele zu brennen. Sie lächelt scheu, als sie gegen Ende der Fahrt dann doch damit herausrückt: Sie habe gehört, sagt sie, dass in Bayern bereits zu Mittag Bier getrunken werde, ob ich es auch so halte. Ich kann sie, mit Hinweis auf meine Berufstätigkeit, beruhigen, und vor einer Debatte über Nahrungsaufnahme, Sünde und Genuss bewahrt mich die Ankunft im Hotel. Abends wird im Familienkreis Rotwein gereicht. Vielleicht geht das ja durch im Hinblick auf die Hochzeit von Kanaan.

Kennen Sie das: ein Buch, das man am liebsten selbst geschrieben hätte, mit Argumenten bis hin zu einzelnen Formulierungen, wie man sie am liebsten selbst gebraucht hätte? Wie passend, dass ich Andrew Sullivans *The Conservative Soul*[20] auf Washingtons Flughafen Dulles finde, im Völkergewühl dieser Riesendrehscheibe, die nicht nur die Menschen, sondern auch Identitäten und Gewissheiten durcheinanderzuwirbeln scheint. Alles konservative Denken beginnt mit einem Gefühl von Verlust, schreibt Sullivan, und die heutige Verunsicherung ist verständlich, da die »Hebel der Veränderung«

[20] Andrew Sullivan, *The Conservative Soul. How We Lost It. How To Get It Back*, New York 2006.

oft am anderen Ende der Welt angesiedelt sind. »*A worldwide sense of dislocation*« sei spürbar, und nicht nur auf der Durchreise hat man das Gefühl: »*We are all far away from home now.*«

Dies könnte die Stunde der Konservativen sein und dies ist, leider auch, die Stunde der Fundamentalisten. Einige von ihnen regieren nicht weit von hier, ein paar Meilen *down the road*, und Sullivans Buch ist nicht zuletzt aus Wut entstanden über eine republikanische Partei, die die Inhalte früherer Konservativer usurpiert hat. Heute leidet das Land unter der Politik dieser fehlgeleiteten Verwandtschaft.

Für Sullivan ist Fundamentalismus eine Grundhaltung, ein *mindset*, dessen herausragendes Merkmal die Gewissheit ist, die Wahrheit zu kennen. Wahrheit mit besonders großem »W«. Alle Kulturen sind dafür anfällig, die materiell erfolglosen etwas mehr als die erfolgreichen, jetzt, im 21. Jahrhundert, scheinen wieder die religiösen Heilslehren zu dominieren. Wer über den Bierernst bei der Befolgung von Nahrungs-, Kleidungs- und Sexualvorschriften lächelt, verkennt die enorme befreiende Kraft, die die meist spontane Annahme eines dieser Wahrheitssysteme auslöst: Es ist die Befreiung von der Last existenzieller Angst (*the burden of existential fear*), die enorme Energien freisetzt. Manche nutzen sie zur Planung eines »Weltbrandes«.

Was aber ist dann konservativ, *conservative with a small c*? In seinem Kern erkennt man den Konservativen daran, dass er weiß, was er nicht weiß. Der menschliche Geist ist fehlbar (*fallible*), und zwischen den Wissenden und jenen, die alles Wissen für illusorisch halten, steht der Konservative als Suchender eines stets provisorischen Wissens. Dabei muss er die Wahrheit nicht ablehnen, die der Fundamentalist verkündet, er ist sich nur nicht ganz so sicher. Seine Lebensform ist eine Art *faith-with-doubt*, eine Existenz in der Ahnung einer höheren Wahrheit, aber mit der Erkenntnis, dass kein Mensch das Ganze überblickt.

In dieser Art Zwielicht (*twilight*) lebend muss der Konservative dennoch handeln und erlebt dabei die »tiefe Kluft zwischen einer perfekten Theorie und einer nicht perfekten Praxis«. Er reagiert darauf mit der *acceptance of imperfection* und sucht nach praktischen

(Teil-) Lösungen für praktische Probleme. Der Fundamentalist hingegen ist eher an der »Reinheit seiner Motive« interessiert und kümmert sich wenig um »unbeabsichtigte Konsequenzen«.

Von seiner Regierung verlangt der Konservative Sicherheit – hier bezieht sich Sullivan auf Hobbes – und ansonsten, dass sie ihn in Ruhe lässt. Freiheit ist der Leitstern seiner Existenz, Freiheit zum Guten wie zum Bösen, Freiheit zu glauben und zu zweifeln, Freiheit »*to explore, to do, to experience, to live, to breathe and think*«. Es ist die Freiheit, wie sie Montaigne geliebt hat, der unsere »Wahrheiten« gern unter die Lupe nahm und am Ende nicht mehr sicher war, ob er mit seiner Katze spielte oder sie mit ihm. Es ist die Freiheit, wie sie Michael Oakeshott verstanden hat, dessen Biograf Sullivan ist: In einer Welt, die nicht vorhergesagt werden kann (Kontingenz), den Mut und die Kraft aufzubringen, »das Leben zu nehmen, wie es ist«, und Kindern gleich seine »zahllosen Einladungen« anzunehmen zugunsten eines »*more daring and sensitive way of living*«.

»Ein Konservativer«, schreibt Sullivan, »mag sein Leben spannend und seine Politik fad (*dreary*)«. Diese Selbstbeschränkung des Politischen komme am besten in der amerikanischen Unabhängigkeitserklärung zum Ausdruck, die dem neuen Staat keinen Zweck voranstelle wie Tugend, Erlösung oder auch nur Glück. Lediglich das Streben nach Glück, *the pursuit of happiness* sei garantiert und der Staat sei somit ein Schiedsrichter, der die Einhaltung von Grundregeln überwacht. Spielen müssen die Menschen schon selbst.

Sie tun es, und nicht immer macht mich *happy*, was gespielt wird. Auch am letzten Abend, wie schon öfter, lässt mir das Fernsehen die Wahl zwischen Werbung, grausigen Mordfällen und Verfolgungsjagden im Auto. Gewiss, denke ich mir, während die Reifen quietschen, wenn ich das Prinzip bejahe, muss ich auch seine Ausdrucksformen, zumal die symbolträchtigsten, tolerieren: *the pursuit of pursuit*.

Juni 2007

Dschihad und Gesundheit

*Die Wachen leben in der einen,
gemeinsamen Welt,
die Schlafenden wenden sich ab
in ihre privaten Welten.*

Heraklit

Zwei bärtige, orientalisch anmutende Gestalten stehen in der U-Bahn beisammen und der eine raunt dem anderen zu: »Dschihad.« Ein freundliches Männlein mit Hut und Aktentasche steht daneben und wünscht: »Gesundheit!« Die Komik dieses Cartoons von Greser und Lenz[21] geht weit über das sprachliche Missverständnis hinaus. Mir scheint, wir bekommen hier bildlich eine größere Wahrheit gezeigt, ein fundamentales An-einander-vorbei-Reden, unser tiefes Nichtverstehen der islamischen Gewalt. Kann es sein, dass es uns im Westen, und in Deutschland insbesondere, so ergeht wie dem Männlein in der Karikatur, dass wir auf etwas reagieren, was nicht stattfindet, während wir auf das, was stattfindet, nicht reagieren?

Große Worte wie »Heiliger Krieg« verlangen zunächst, sich über das seelische Geschehen bei demjenigen, der sie im Munde führt, klar zu werden. Kann es sein, dass wir uns im Bereich der Religion befinden? Oder dass es nur so aussieht?

Einem Wort André Malraux' zufolge wird das 21. Jahrhundert ein Jahrhundert der Religion sein oder es wird nicht sein. Nun sind

---

[21] Achim Greser, Heribert Lenz, *Der Aufschwung ist da,* München 2004.

Vorhersagen dieser Art schwierig, wenn man das genuin Religiöse als eine Begegnung von Göttlichem und Menschlichem betrachtet, dessen Zustandekommen sich naturgemäß dem Vorausblick des Menschen entzieht. Beschränkt man sich hingegen nur auf die menschliche Seite und den Bereich der Tatsachen, so kann man durchaus den Eindruck gewinnen, dass das Interesse an religiösen Fragen und Ausdrucksformen weltweit zunimmt. In einer einzigen Meldungsübersicht stand neulich zu lesen, dass sich eine deutlich gestiegene Zahl türkischer Jugendlicher in Deutschland als »religiös« bezeichnet und dass die religiöse Musikindustrie in den USA einen nie da gewesenen Boom erlebt. Und wann hat man je einen Papst als *centerfold* von *Bravo* gesehen?

Aber ist das Religion? In seinem Buch *The Lexus and the Olive Tree*[22] unterscheidet der amerikanische Kolumnist und Erklärer der Globalisierung Thomas Friedmann zwei menschliche Grundmotive: Im *Lexus*, der japanischen Nobelautomarke, sieht er das Streben nach technologischer Höchstleistung symbolisiert, und im Streit um einen Olivenbaum, den er im Nahen Osten erlebte, verdichtet sich für ihn die menschliche Suche nach Identität, Verwurzelung und Rückbindung. Dieses menschliche Streben nach Ordnung und Halt, nach einem Aufgehobensein in einem Generationen überspannenden Kontext, nach Sinn und nach Traditionen, die weit über das Individuum hinausreichen, wird manchmal von Religion befriedigt, aber nicht von Religion allein. Das Übersteigen des Individuellen, das Streben nach Allgemeingültigem, kann in Transzendenzerfahrungen von höchster zivilisatorischer Gestaltungskraft münden, und es kann, wenn es entgleist, Triebkraft der grässlichsten Verbrechen sein.[23] Auf gesellschaftlicher Ebene hinterlässt es die Kategorien, in denen eine Gemeinschaft sich selbst begreift, und will man verstehen, warum man etwas nicht versteht, ist das eigene Selbstverständnis ein fruchtbarer Ausgangspunkt.

---

[22] Thomas L. Friedmann, *The Lexus and the Olive Tree*, New York 1999.
[23] Interessante Details zur Entgleisung der Identitätssuche bei Amin Maalouf, *Identités Meurtrières*, Paris 1996.

Immer unter der Voraussetzung, dass die Selbstinterpretation einer Gesellschaft wie der deutschen ein vielstimmiger Chor ist, aus dem sich bestenfalls ein gewisser »Tenor« heraushören lässt, scheint mir bei uns die folgende Weltsicht vorzuherrschen:

Wir sind allein – und allein verantwortlich – in einem großen Ganzen, das Konstruktionsfehler aufweist. Ob nun das Weltganze von Anfang an mit Fehlern behaftet war, oder ob wir selbst, schuldhaft, den gegenwärtigen Zustand verursacht haben – was bleibt, ist ein individuell variierendes Misstrauen gegen das Geschehen »dort draußen«, die Überzeugung, dass es sich nicht auf der Höhe der eigenen, moralischen Einsicht befindet und dass wir selbst, wer sonst, für mögliche Verbesserungen zuständig wären. Wohl spielen wir mit in dem nicht selbst geschriebenen Stück, aber wir tun es mit einer gewissen inneren Zurückgenommenheit, einem *détachement*, das von leichter Abwehr bis zu verzweifelter Resignation reichen kann.

Dass es das Böse gibt in der Welt, dass es fortbesteht trotz all unserer Bemühungen, wird als ein Problem der Welt empfunden, als ein Skandal, dem mit viel gutem Willen und mit Aktionen begegnet werden muss. Schließlich muss die Welt endlich in Einklang gebracht werden mit dem, was wir in uns selbst als die Möglichkeit des Menschseins empfinden, und jedes neue politische Phänomen, auch der islamische Terrorismus, wird in den Kontext dieses einzig erlaubten Handlungsmotivs gestellt. Gewiss, der Abscheu ist echt, mit dem wir auf terroristische Bluttaten reagieren, und es bedarf keiner *political correctness*, um Mitleid mit den Opfern zu empfinden. Aber ist nicht doch diese Verunsicherung des stolzen Westens, die Erschütterung, die das bisschen Sprengstoff im Weltkontext auslösen kann, ganz heilsam? Ist nicht doch jeder Anschlag auch ein Fanal gegen die Sattheit und Untätigkeit der entwickelten Welt, ein Zeichen, dass »es« nicht länger hingenommen wird und einige, wenn auch mit falschen Mitteln, sich zur Wehr setzen? Warum hört man so wenig vorbehaltlose Verurteilungen des Terrorismus oder nur solche, die mit einem »Aber« fortgesetzt werden, worauf die unvermeidliche Aufforderung zur Bekämpfung der »sozialen Ursachen« folgt? Da die Täter auf dieser Welt längst ausgemacht sind, glaubt man auch diese »Verzweiflungstäter« unter die Opfer einreihen zu müssen, denen wir strenge, aber mitfühlende Zuwendung schulden. Am liebsten würden wir sie bei der Hand nehmen als unsere Brüder, Brüder nicht im Sinne der geteilten Menschennatur, sondern Brüder im rebellischen Geiste, sie zum Verzicht auf ihr fruchtloses Tun überreden und mit ihnen gemeinsam an der Sanierung ihres gewaltträchtigen Umfeldes arbeiten. »Gesundheit!«

Was aber geschieht dort draußen wirklich? Zunächst müssen bei genauem Hinsehen Zweifel an der sozialen Verursachung von Terrorismus aufkommen. Walter Laqueur berichtet, dass in den neunundvierzig Staaten, die von den Vereinten Nationen als die ärmsten der Welt eingestuft werden, Terrorismus kaum vorkommt.[24] Auch sonst lässt sich vieles beobachten, was die direkte Korrelation von Lebensumständen und Gewalttaten, von innerem und äußerem Geschehen in Frage stellt. Es ist bekannt, dass die Anarchisten des 19. Jahrhunderts nicht den Fabrikhöllen ihrer Zeit entstammten, dass die wenigsten Terroristen in Elendsquartieren aufgewachsen sind und dass die ganz Armen, so sie überhaupt etwas fordern, Brot verlangen und nicht Welterlösung. Kann man sich vorstellen, dass das milde Regiment eines Zaren die Anarchisten zum Verzicht auf ihre Bombenwürfe veranlasst hätte oder dass liberale und soziale Maßnahmen der Regierung Schmidt das Leben Hanns-Martin Schleyers gerettet hätten? Man muss nicht an die Dollarmillionen Bin Ladens denken oder an die gute Ausbildung der New Yorker Attentäter, um zu erkennen, dass die Traumbilder der Gewalttäter nicht die Kehrseiten der eigenen sozialen Wirklichkeit sind.

Was aber sind diese Traumbilder? Wir kennen ihre Struktur, mag der Phänotyp auch islamisch sein, aus der gut erforschten

---

[24] Walter Laqueur, *No End to War. Terrorism in the Twenty-First Century*, New York 2004, S. 15.

Geschichte radikaler Heilsbewegungen:[25] Eine Vision steht am Anfang, die innere Schau eines Zustands der Einheit und Reinheit, der Harmonie und der Perfektion. Sie wird als realer erlebt als alle bisher gekannte Erfahrung und bildet das Kontrastbild zu einer Außenwelt, die als irreversibel verdorben gesehen wird. Begleitet wird sie von der Überzeugung, dass das geschaute Bild auf Erden verwirklicht werden kann und gefolgt schließlich von einer kulturell tradierten Erzählung, welche Kräfte und Mächte der Verwirklichung des Geschauten im Wege stehen. Diese Elemente der Genese von Terrorismus finden sich bei islamistischen Gewalttätern ebenso wie bei ihren westlichen Vorläufern, und die Beobachter täuschen sich nicht, denen die Strukturverwandtschaft von westlichen und islamischen Gewaltideologien aufgefallen ist. Yehuda Bauer gehört zu ihnen, der von einem »dritten Totalitarismus« gesprochen hat[26], und Paul Berman, der in seinem Buch *Terror and Liberalism*[27] die Ideologie des Vordenkers der Moslembruderschaft, Sayyid Qutb, untersucht. Manchmal mögen vor allem bei jungen Tätern primitivere Phänomene wie schlichte Verhetzung, Ausnutzung von Notlagen, falsche Versprechungen und Geltungssucht die Stelle der Vision einnehmen – in seinem Kern bleibt der fundamentalistische Terrorismus ein Epiphänomen der menschlichen Sinnsuche, ein fehlgeleitetes Streben nach dem Absoluten. Da der Begriff *crime métaphysique* für verwandte Phänomene bereits vergeben ist, müsste man von *crime salvateur* sprechen, von Erlösungsverbrechen, und von der zugrunde liegenden Motivation als Sinnerzwingung.

---

[25] Stellvertretend für eine umfangreiche Literatur: Jacob Taubes, *Abendländische Eschatologie*, München 1991; Norman Cohn, *The Pursuit of the Millennium*, London 1972; A.S.P., Woodhouse, *Puritanism and Liberty*, London 1974.

[26] Yehuda Bauer, *Der Dritte Totalitarismus*, in: Die Zeit, Nr. 32, 31.7.2003, S. 7; siehe hierzu auch: Joschka Fischer, *Die Rückkehr der Geschichte*, Köln 2005, S. 18ff; sowie Ian Buruma, Avishai Margalit, *Okzidentalismus. Der Westen in den Augen seiner Feinde*, München 2005, S. 73ff.

[27] Paul Bermann, *Terror and Liberalism*, New York 2003.

Dass äußere Bedingungen geistige Phänomene hervortreiben können, dass die innere Entwicklung einer Religion und die äußere Entwicklung einer Region in den Motivzusammenhang des Dschihad gehören, soll keineswegs bezweifelt sondern geradezu betont werden. Forschungen auf diesem Gebiet sind ein dringendes Petitum.[28] Wichtig bleibt, dass geistige Phänomene als solche erkannt und anerkannt werden, mag dies angesichts zerfetzter Menschenleiber auch noch so schwer fallen. Vielleicht ist es ja auch ganz heilsam, daran erinnert zu werden, dass Gedanken nicht nur harmlos sind.

Nun hat die Einsicht, dass Bezugspunkt und Handlungsquelle von Terrorismus ein innerlich geschautes Absolutum ist, weit reichende Folgen für die Reaktion der Betroffenen. Was soll der Mann in der U-Bahn denn antworten?

Zunächst darf er das Geschehen, in das er hineingezogen wird, nicht mit Politik verwechseln. Fatal, zu meinen, er befände sich in jener wohlbekannten Welt des Gebens und Nehmens, in der das Geben, mag es auch noch so schwer fallen, einen neuen Frieden herstellt, den man Kompromiss nennt. Was immer er zu geben hätte, kann ihn nicht davor bewahren, dem Reich der Finsternis zugeordnet zu bleiben, kein Unreiner wird durch Großmut etwas reiner, und was immer auf der anderen Seite empfangen würde, wird dort weder Befriedigung noch gar Befriedung herbeiführen. Es scheint, als lebten die Gewalttäter in zwei Welten gleichzeitig: der gemeinsamen,[29] in der Mittel auf erreichbare Ziele bezogen sind und in der die Anschläge mit Voraussicht, Schläue und Präzision ausgeführt werden, und einer eigenen, in der jedes erzielte Ergebnis als ein Nichts erscheint vor dem Glanz des geschauten Paradieses. Jedes Entgegenkommen wird sich somit als Annäherung an eine Fata Morgana erweisen, jede

---

[28] Grundlegend zum regionalen Hintergrund: Bernard Lewis, *The Middle East*, New York 1995; Bernard Lewis, *What Went Wrong? The Clash between Islam and Modernity in the Middle East*, New York 2003.

[29] Zum Problem der zweiten Realität vgl. Eric Voegelin, *Anamnesis. Zur Theorie der Geschichte und Politik*, München 1966, S. 311. Voegelin verweist auf die Ausarbeitung des Gedankens in Musils *Mann ohne Eigenschaften*.

eilfertige Erfüllung von »Forderungen« wird nicht Schonung erwirken, sondern allenfalls Aufschub. Immer dann, wenn die Rückgabe Andalusiens gefordert wird oder die summarische Bekehrung aller »Ungläubigen«, sollte uns klar werden, dass wir eine spezifische Form von Irrsinn vor uns haben, eine Erkrankung nicht der Psyche im engeren Sinne, sondern des Geistes, für die Eric Voegelin den Ausdruck »Pneumopathologie«[30] verwendet hat. Deren Heilung, die Rückkehr zur »Gesundheit«, mag man sich mit dem Männlein in der U-Bahn dringend wünschen – allein die Wege dorthin sind weithin unerforscht.

Was also bleibt?

Wenn sie auch nicht hoffen kann, den Vorstellungen der *djihadis* jemals gerecht zu werden, so bleibt die Politik des Westens doch, wie alle Politik, den Grundsätzen von Klugheit und Gerechtigkeit verpflichtet. Dass es daran auch in letzter Zeit oft gefehlt hat, wird niemand ernsthaft bestreiten wollen. Wohl lässt sich manches bauen, was das Dasein etwas erträglicher und die Sirenenklänge der Welterlöser etwas weniger verlockend macht. Man darf dabei nur nicht hoffen, alle Versuche gewaltsamer Traumverwirklichung aus der Welt zu verbannen. Ein Gedankenexperiment mag erschreckend klingen: Selbst wenn im Nahen Osten über Jahre hinaus alles richtig gemacht würde, wenn die Mächte des Auslands und die Kräfte vor Ort nur vernünftig handelten, könnte der Dschihad dennoch weitergehen. Wir wären weiterhin ohne eigenes Verschulden mit den Früchten fehlgeleiteter Imagination konfrontiert und Walter Laqueur hätte Recht mit seinem Buchtitel: *No End to War*.

Oktober 2007

---

[30] Eric Voegelin, *Ordnung, Bewusstsein, Geschichte. Späte Schriften – Eine Auswahl*, herausgegeben von Peter J. Opitz, Stuttgart 1988, S. 146.

Von Gourmets und Gotteskriegern

Besuche an Seine und Potomac

Diesmal will ich es nicht mehr Zufall nennen und Geschäfte, Flugpläne oder die Sonderangebote von *Air France* verantwortlich machen. Diesmal, wenn ich kurz hintereinander Paris und Washington besuche, will ich mir eingestehen, dass ich es so gewollt habe und aus Gründen, die zu erhellen sind, gerne an Seine und Potomac bin.

Waren das noch Zeiten in den Neunzigern, als man sich bei *Air-France*-Flügen nach Paris noch auf das Essen und den Rotwein freuen konnte! Und als sich ein entgangener Genuss dieser Art wie ein Hinterhalt des Schicksals ins Gedächtnis einprägte. Der Service hatte schon die Reihe vor mir erreicht und der Duft meine Nase gekitzelt, als die Speisung plötzlich wegen Turbulenzen gestoppt und beendet werden musste. Heute kommen mir keine Naturgewalten zu Hilfe, wenn sich die Stewardess mit ihren in Zellophan verpackten Knautschsemmeln nähert und dabei auch noch aufmunternd lächelt. Heute muss ich meinen eigenen Willen aufbieten, und ich sage: »*Non, merci.*«

Die Frage, was ich in Paris *mache*, bringt mich jedes Mal in Verlegenheit. Gewiss, ich mache dies und das, von Kundengesprächen bis hin zu Theater-, Museums- und Kinobesuchen. Aber geht es darum wirklich? Manchmal erscheint mir der Programmpunkt eher als Anlass, wenn nicht gar Vorwand, um einfach hier zu sein. Und den Wunsch, hier zu sein, teile ich nicht nur mit Millionen von Touristen jährlich, sondern auch, wie uns Jean Daniel im *Nouvel Observateur* erinnert, mit einer Vielzahl heutiger Franzosen, die aus aller

Herren Länder hierher zugewandert sind. In der Zuwanderung liegt letzten Endes die Aussage, dass man dort, wo man hingeht, eher sein kann als dort, wo man herkommt. Aber was bedeutet das: sein zu können? Drei Punkte fallen mir ein, während um mich auf dem Boulevard du Montparnasse ein buntes multiethnisches Völkchen seinen abendlichen Vergnügungen entgegenstrebt.

Um sein zu können muss man sich ernähren können. Arbeit zu finden und vorwärtszukommen muss auch dem Nicht-Eingesessenen möglich sein. Wenn ich die Namen und Gesichter meiner hiesigen Alltagsumgebung Revue passieren lasse, zeigt sich mir ein Frankreich polnischer und armenischer, russischer, arabischer und italienischer Provenienz. Über den aktuellen Problemen der *banlieus* vergisst man allzu leicht den Lebensweg eines der typischsten aller Franzosen: des Präsidenten mit Migrationshintergrund Nicolas Sarkozy.

Um sein zu können bedarf es der Freiheit im elementaren Wortsinn, eines »In-Frieden-gelassen-Werdens«, einer Begrenzung gesellschaftlicher Forderungen auf die *minima moralia* menschlichen Zusammenlebens. Keine Aufmärsche und Fahnenappelle, keine verordneten Kniebeugen vor Göttern und Götzen, kein erzwungenes Nachbeten der jeweils gültigen Worthülsen von Zeitgeist und *political correctness*. In Frankreich sind Freiheit und Selbstbewusstsein auf ein epochales *non* gegründet, auf die Stürmung eines Gefängnisses und die Erklärung des Menschenrechts. Im Alltag zeigt sich dieses Selbstbewusstsein weniger im kulturellen Dünkel – der ist eher in der *Académie Française* zu Hause – als in der Selbstverständlichkeit, mit der die eigene Lebensform gepflegt wird. Der Fremde, der auch da ist, wird weniger belehrt als souverän ignoriert, was ihm wiederum den Raum gibt, zu sein.

Ein drittes Element von Wohl-Sein wird vielleicht nicht jeder gleich stark empfinden: Es ist das Gefühl, auf fruchtbarem Boden zu weilen, getragen und inspiriert zu werden von Jahrhunderten gelebter Geschichte. Kaum ein Haus in Paris, kaum ein Dachatelier ohne Erinnerung an berühmte Bewohner, kaum eine Straßenecke ohne Hinweistafel auf die Größen der Zeit, die hier mitgewirkt haben am großen bunten Teppich der *Comédie Humaine*. Wenn die Wahlpariserin Gertrude Stein über Sacramento, Kalifornien schrieb »*There is no ›there‹ there*«, so wird man von ihrer Wahlheimat zu recht sagen können: *There is a lot of ›there‹ there!* Das *there* meint natürlich keinen geografischen Punkt, sondern den Ort eines Geschehens, das uns geprägt hat und noch immer beschäftigt. Wie wir es beurteilen, ob wir es überwinden oder für uns fruchtbar machen wollen, ist Gegenstand weiterer Gespräche, die auch jetzt noch an den Marmortischchen des *Select* oder in den verwinkelten Salons des *Procope* stattfinden.

Dass gutes und langes Speisen zur französischen Lebensart gehört, weiß jeder. Gerade Geschäftsessen erwecken den Eindruck, als solle die Notwendigkeit von Arbeit gemildert und gezähmt, als solle die Vertreibung aus dem Paradies für ein paar Stunden suspendiert werden. Und ich meine Stunden! Wo anders als in Frankreich lässt sich ein winziges Restaurant in einem versteckten Provinznest vorstellen, das für seine einzigen drei Mittagsgäste eine Fülle frischer, ausgefallener Köstlichkeiten bereithält? Jean-Marie, ein Geschäftsfreund und Kenner der *France profonde*, hatte *La Jument Verte* im westfranzösischen Montchauvet erst nach langem Suchen gefunden. Während wir auf *l'éventail de figue aux copeaux de foie gras et magret de canard* warten, wartet er mit Neuigkeiten aus der französischen Politik auf: Sarkozy habe bisher alles richtig gemacht, die listige Einbindung von Oppositionspolitikern und die Strukturreformen bei *EADS* hätten ihm zu recht breite Zustimmung eingetragen. Jetzt komme es darauf an, wie er den »heißen Herbst« bestehe, die erwarteten und meist erfolgreichen Streikaktionen französischer Gewerkschaften. Unerhörte Begriffe machen die Runde und auch Jean-Marie nimmt sie in den Mund, ohne dass ihm die *canette en filet rôti et laquée au miel de châtaignier* gleich im Halse stecken bleibt: »Arbeitszeitverlängerung«, »Abbau von Beamtenprivilegien« und »Ende des Rechts auf Frühpensionierung«.

In der Tat scheint es Sarkozy zu gelingen, das Land mit seinem *activisme* und *dynamisme* anzustecken. Die *work-life-balance*, wie die Amerikaner ihren zaghaften Versuch nennen, dem Leben etwas mehr Raum zu geben, soll in Frankreich wohl in Richtung Arbeit verschoben werden. Die hohe Sockel- und Jugendarbeitslosigkeit lassen auch keine andere Wahl. Während amerikanische Lifestyle-Magazine gern nach Frankreich blicken, um Beispiele stilvoller Freizeitgestaltung zu finden, findet man hierzulande auf die Frage »Arbeit wofür« immer noch genügend Antworten. Der neue Stil erweckt folglich auch Argwohn. Patrick Besson in *Le Point* beschreibt einen Staatschef, der auch im Sommer noch gehetzt wirkt: »*Le président a été le prisonnier de sa libération du travail.*« In der Tat ist Sarkozy der erste Präsident, der sich beim Joggen fotografieren lässt, ein Anblick, den uns amerikanische Präsidenten bereits seit Jahrzehnten zumuten. Dass er seinen ersten Urlaub in Amerika verbringen wird, ist eine gezielte Provokation, die hierzulande wohl verstanden wird.

Im *Café de la Paix* hatte ich so lange meine Ruhe, bis sich eine achtköpfige Gruppe amerikanischer Südstaatler am Nebentisch niederließ. Voll Begeisterung werden die Eindrücke des Tages ausgetauscht, besorgt klingt die Frage an, ob zu dieser nachmittäglichen Stunde etwas zu Essen zu haben sein würde. Sie wüssten wohl, sagen sie, dass Franzosen nur zu bestimmten Tageszeiten essen, abends spät und dafür ausgiebig. In der sicheren Erwartung, dass ich sie nicht verstehe, deuten sie auf mich als Paradefranzosen, der ich nur vor einem Kaffee und einem Glas Wasser sitze. Wenn die wüssten, dass meine heutige Abstinenz nur den Exzessen des Vortages geschuldet ist! Gerade will ich ihnen »*Don't worry!*«, zurufen, als der Ober mit seiner reichhaltigen Speisekarte erscheint und ihnen auf Englisch das *roastbeef sandwich* empfiehlt. Allmählich kehrt wieder Ruhe ein im *Café de la Paix* und der Glanz des Second Empire umfängt die Besucher aus fernen Ländern.

Ein leuchtend blauer Himmel breitet sich über Paris in diesen letzten Julitagen. Die Menschen werden weniger, der Lärm ebbt ab und an den Straßenrändern tun sich ungewohnte Lücken auf: Parkplätze. Die Menschen sind verreist oder in Paris-Plage, dem neu geschaffenen Strandidyll am Seineufer, oder sie sind dort, wo auch ich bin an diesem Sonntag, bei der Zieleinfahrt der *Tour de France* am Place de la Concorde.

Hubschrauber über uns übertönen das Gemurmel und Geraune der gewaltigen Zuschauermenge. Mit einigem Glück habe ich einen Stehplatz in der ersten Reihe ergattert. Plötzlich rasen Autos durch die Menschengasse, *voitures officielles* des Hauptsponsors *Skoda*, gefolgt von Servicewagen und Pressefahrzeugen mit sich waghalsig herauslehnenden Mikrofonträgern. Eine Ausreißergruppe von etwa zehn Fahrern zischt vorbei, voll konzentriert und pfeilschnell, rasch gefolgt vom begeistert beklatschten Hauptfeld. Drei Motorradfahrer mit den Lettern »*fin de course*« künden vom Ende der ersten Durchfahrt und nach wenigen Minuten beginnt das Ganze von vorn. Nach dem dritten Umlauf ziehe ich weiter durch die angenehm autofreie Rue de Rivoli, erfüllt von Eindrücken höchster Anstrengung und im Bewusstsein, dass sie nur schwer zu vermitteln sind. Zu Hause, da bin ich mir sicher, wird man mich eher nach den Dopingfällen dieser Tour fragen. Dabei empfinde ich Abscheu für derlei Betrügereien und freue mich über einen Satz in *Le Monde*, der, wenn überhaupt, nur mit »Spitzenleistung statt Spritzenleistung« umschrieben werden kann: *La victoire passe par les sacrifices et non les artifices.*

Noch vor Sarkozy bin auch ich in Amerika und erlebe, dass die *work-life-balance* nicht nur ein Schlagwort der Soziologen ist. Meine viel beschäftigte Schwester und ihr Mann, der ein *sabbatical* genommen hat, kommen nach Washington und uns gelingt ein Familienreffen, bei dem ich den halbamerikanischen Teil meiner Familie durch die sommerliche Hauptstadt führe. Ich fühle mich geehrt. Die Mehrzahl der Besucher sind Amerikaner, die erleben wollen, was die Nation im Innersten zusammenhält. Erstaunlicherweise finden sie es nicht in Darstellungen vergangener Heldentaten. Am Jefferson- und am Lincoln-Memorial und am Grab von John F. Kennedy tritt ihnen Grundlegendes in der Form von Texten gegenüber. Es sind dies genau genommen Politikerworte, deren Gewicht und Haltbarkeit eigentlich sprichwörtlich gering sind. Es muss also noch eine andere Art von Worten geben als jene alltäglichen, mit denen wir Dinge beschreiben, werten und erklären. Es sind Worte, die etwas hervorrufen, was eigentlich schon besteht und doch nicht bestünde, wenn niemand gerufen hätte. Der Einwand, dass die Autoren selbst nicht immer nach ihren Worten gelebt haben, trifft nicht die Worte, sondern die Menschen. Deren Fehlbarkeit und Schwäche haben gerade die amerikanischen Gründungsväter immer mitgedacht. Die vielen Menschen, die sich in die Schrifttafeln vertiefen, sehe ich mit Freude und muss mich doch nicht schämen, dass wir in der Gluthitze des Nachmittags das letzte *monument* dann doch weglassen. Wir nehmen uns einfach die Freiheit, von der wir gerade lasen.

Eine Großstadt vom Wasser aus zu erschließen ist ein Genuss, den nicht nur Paris bereithält. Zu einer *dinner cruise* auf dem Potomac lädt ein hiesiges *bateau mouche* namens »*Odyssey*«. Statt der erwarteten Touristen sind es vor allem Einheimische schwarzer Hautfarbe, die die Gelegenheit *to dress up and dance* wahrnehmen. Vielleicht fallen sie mir auch deswegen auf, weil sie so hinreißend feiern und tanzen können.

Allmählich, während die Sonne ganz langsam versinkt, traut man sich wieder ins Freie zu einem Drink an der Reling. So ganz will sich Entspannung noch nicht einstellen. Jedes Flugzeug, das vor uns auf dem Reagan National Airport nahe dem Pentagon landet, bringt den Gedanken latenter Bedrohung mit sich. Als es dunkel ist, ziehen die *monuments*, die wir tagsüber besichtigt haben, beleuchtet und in klassischer Schönheit noch einmal vorüber. Das *Washington Monument*, ein Obelisk, überragt die Szenerie gemeinsam mit dem Capitol, das laut Gesetz das höchste Gebäude der Hauptstadt bleiben muss. Direkt am Wasser erinnert das *Watergate* an die Korrumpierbarkeit von Macht und flussaufwärts, in Georgetown, klingen die Stimmen munterer Nachtschwärmer zu uns herüber. Fast möchte man draußen bleiben in der Brise und die

Klänge und Lichter der Stadt weiter auf sich wirken lassen, wäre nicht drinnen der festliche Tisch für uns schon gedeckt.

Wenn es nicht so ernst wäre und mich auch noch selbst beträfe könnte man fast schmunzeln über ein Phänomen Marke *wag the dog*, das die Schlagzeilen beherrscht. Nicht weil es der Wirtschaft schlecht geht und die Menschen weniger Geld haben gerät der Immobilienmarkt in die Krise – nein, umgekehrt, weil der Häusermarkt schwächelt, geraten die Finanzmärkte weltweit in Turbulenzen, droht Amerika gar eine Rezession. Wie das? Hypothekenbanken leihen an Bauwillige ohne Bonität und verkaufen diese *subprime-loans* dann an andere Banken, die sie gebündelt mit anderen Produkten international vermarkten. Steigende Zinsen und Zahlungsausfälle bringen dann plötzlich alle Geldhäuser in Verdacht, zu viel von dem »Zeug« zu besitzen, die Kurse stürzen und im fernen Deutschland muss eine Staatsbank gar eine andere retten.

Warum passiert dergleichen immer wieder? Die Erklärungsversuche der Experten von *CNBC* trösten mich wenig, solange sie die Minuszeichen am unteren Bildrand nicht verkleinern. Vielleicht sollen uns Krisen dieser Art daran erinnern, dass auch dem freiesten Menschen Normen der Vernunft gesetzt sind, die er auf Dauer nicht straflos verletzen kann. Eine davon betrifft die Balance von Einnahmen und Ausgaben und ihre Gefährdung durch Gier und *instant gratification*. Schwierig wird es, wenn Stimmen von außen mal in die eine und mal in die andere Richtung drängen, wenn ein und derselbe Sender unser Ringen um Vernunft zugleich fördert und hemmt.

Ich mag *CNBC*, den großen internationalen Wirtschaftskanal, und ich will hoffen, dort schon manches gelernt zu haben. Dennoch gehen mir Sendungen wie *Fast Money* auf die Nerven. Die Börsenhits des Tages und die Flops werden mit viel Drama präsentiert, der Zuschauer gewinnt den Eindruck, dass schnelles Geld durchaus möglich ist. Vorausgesetzt natürlich, er hat sich rechtzeitig engagiert. Am unteren Bildrand läuft eine Uhr, die nicht nur Minuten und Sekunden anzeigt, sondern auch Zehntel- und Hundertstelsekunden, ein rasendes Geflimmer, das keine Information transportiert, sondern nur noch die Botschaft: Uns läuft die Zeit davon.

Andere Sendungen auf demselben Kanal richten sich an Menschen, die schneller waren als ihre Vernunft. In der *Suze-Orman-Show* zeigt die sympathische Suze, wie man sich aus gängigen Fallen wie Kreditkartenschulden und 110-% Finanzierungen befreit. Guten Rat hat auch *The Millionaire Inside* parat, eine neue *call-in-show* mit Publikum, die sich in Titel und Tenor an die Bestseller von Thomas J. Stanley[31] anlehnt. Dieser hatte jahrzehntelang die Denk- und Handlungsweisen der *millionaires* erforscht und dabei entdeckt, dass selbst erworbener Reichtum weit mehr mit klassischen Tugenden zu tun hat, als Kapitalismuskritiker gerne glauben. In der Show wird der gute Rat von einem Panel ehemals Gestrauchelter erteilt, die für den Wiederaufstieg Fleiß, Bescheidenheit und Selbstdisziplin empfehlen.

Kann man Begehrlichkeiten gleichzeitig anheizen und beherrschen? Ich muss an Daniel Bell denken und seine These von den *Cultural Contradictions of Capitalism*[32], während der kluge Ratgeber im Fernsehen wieder von einem *commercial* unterbrochen wird, das mit dem Ruf endet: *Call now!*

Machen wir zu viele dieser *calls* oder gehört es zum Älterwerden, dass sich in Wohnungen und Häusern *junk* ansammelt, den wir weder brauchen noch weggeben möchten? Von zwei befreundeten Ehepaaren, die sichtbar unter dem Phänomen leiden, lerne ich ein neues Wort für das »Zeug«: *clutter*. In Ecken und Regalen, in Schubladen und Kartons sammeln sich Zeugnisse früherer Leben, lagern gut gemeinte Geschenke, Erbstücke lieber Verblichener und nützliche Geräte, die seit Jahren darauf warten, uns das Leben zu erleichtern. Im mobilen Amerika wird der Hausrat gerne im *self storage* zwischenge-

---

[31] Thomas J. Stanley, William D. Danko, *The Millionaire Next Door. The Surprising Secrets of America's Wealthy*, Atlanta 1996; Thomas J. Stanley, *The Millionaire Mind*, Kansas City 2000; Thomas J. Stanley, *The Millionaire Women Next Door. The Many Journeys of Successful American Businesswomen*, Riverside, NJ 2004.
[32] Daniel Bell, *The Cultural Contradictions of Capitalism*, New York 1976.

lagert, garagenähnlichen Mietboxen, die auch nach erfolgtem Umzug manchmal nicht ganz geleert werden. Wem es zu bunt wird, der kann auch jetzt wieder eine Nummer anrufen, und freundliche, kompromisslose Männer sorgen für Abhilfe: *Call 1-800-GOT-JUNK!*

Man kann die Verwendung des Wortes »Krieg« in Slogans wie *war on terror* oder *war on poverty* für problematisch oder schlichtweg falsch halten. Man kann aber nicht, wenn man mit offenen Augen und Ohren durchs Land zieht, die Schärfe einer Auseinandersetzung übersehen, für die der Ausdruck *culture wars* nicht übertrieben scheint. Herausgefordert und verstärkt durch den islamischen Fundamentalismus arbeiten mächtige Netzwerke christlicher Fundamentalisten an der Delegitimierung des säkularen Staates. Amerika begreift allmählich, dass ihm durch den Vormarsch dieses Denkens eine Debatte um die richtige Justierung von Religion, Politik und Gesellschaft aufgezwungen ist. Wie wär's also gleich mit Gegenangriff und der These, dass es Gott gar nicht gibt? Hardcore-Atheisten wie Richard Dawkins[33] und Christopher Hitchens[34] schaffen es auf die oberen Plätze der Bestsellerlisten und provozieren schrilles Getöse im Blätterwald. Der Kampf zwischen Kreationisten und Evolutionisten trägt die unschönen Züge eines Dogmenstreits. Den einen missrät die Einsicht in den göttlichen Ursprung des Seins zu einer historischen Dogmatisierung des ersten Buches Genesis. Die anderen lassen sich durch die wissenschaftliche Evidenz von Evolution dazu verleiten, die messbare Wirklichkeit für die einzige zu erklären. Ausgleichende Stimmen wie Jim Wallis' *God's Politics. Why the Right Gets it Wrong and the Left Doesn't Get it*[35] sind in der Minderzahl, vergeblich sucht man

---

[33] Richard Dawkins, *The God Delusion*, London 2006 (*Der Gotteswahn*, Berlin 2007).
[34] Christopher Hitchens, *God is not Great. How Religion Poisons Everything*, New York 2007 (*Der Herr ist kein Hirte. Wie Religion die Welt vergiftet*, München 2007).
[35] Jim Wallis, *God's Politics. Why the Right Gets It Wrong and the Left Doesn't Get It*, San Francisco 2005.

nach der Weisheit eines Abraham Lincoln, der da schrieb, Politiker sollten nie »Gott ist mit uns« sagen sondern sich in Demut fragen, ob sie mit Gott seien.

Im Zweifel fragt man gerne bei den gelehrten Gründervätern nach. Mehrere Bücher untersuchen das Gottesverständnis von Washington, Jefferson, Madison etc. und kommen zu dem Ergebnis, dass Fundamentalisten aus deren überwiegend aufklärerisch-deistischer Grundhaltung wenig Honig saugen können.[36] Die großen Networks bringen viel Informatives zum Thema Religion (etwa auf *PBS: The Rise and Fall of Islamic Spain*), aber auch Kontroverses: *CNN* füllt mit *God's Warriors*, einem Feature über den muslimischen, jüdischen und christlichen Fundamentalismus, drei aufeinanderfolgende Abende. Mit der gleichen Inbrunst und Ausschließlichkeit, aber aus verschiedenen Texten, wird einer verkommenden Welt das rettende Wort entgegengestellt. Die Autorin, Christiane Amanpour, muss gar nicht viel kommentieren, die Akteure sind nur allzu bereit, sich darzustellen und zu decouvrieren. Während die Tiraden der Dschihadisten sattsam bekannt sind, erfahre ich viel Neues über die amerikanischen *evangelicals*. Jerry Falwell, der Führer der *moral majority*, macht in seinem letzten Interview, wenige Tage vor seinem Tod, wenig Lust auf ein Amerika *under the Judeo-Christian tradition*. Die vorgestellten Lehrer und Schüler seiner *Liberty University* in Lynchburg, Virginia, belegen allenfalls die Fehlbenennung ihres Instituts, wenn man Universitäten weiterhin als Orte begreift, an denen die Wahrheit eher gesucht als verbreitet wird.

Am meisten erschreckt mich der Fanatismus einer Gruppe christlicher *kids*, die die Rockmusik »säubern« wollen. Ihr Name, *God's Warriors*, wurde zum Titel der ganzen Serie gewählt, ein Umstand, der erwartungsgemäß einige provozierte. Wie kann man, schäumen

---

[36] Vgl. David L. Holmes, *The Faiths of the Founding Fathers*, New York 2006; Jon Meacham, *American Gospel. God, the Founding Fathers and the Making of a Nation*, New York 2006. Die Gegenposition beim höchst umstrittenen Tim LaHaye, *Faith of our Founding Fathers. A Comprehensive Sudy of America's Christian Foundations*, New York 1996.

tags darauf konservative Medien angeführt von *Fox News*, diesem heimischen Phänomen gleich viel Sendezeit und Aufmerksamkeit widmen wie unseren ärgsten, blutigen Feinden? Der Tag nach dem Film ist Teil des Films, so will es mir scheinen, und nicht der unwichtigste.

Nach so viel geballter Verbissenheit tut es gut, Neues über Ronald Reagan zu lesen. Nach seinem Tod 2004 und den teils unfairen, vom Tageskampf entstellten Darstellungen aus seiner Amtszeit war ein neuer Blick auf Mensch und Werk zu erwarten. Schließlich waren kürzlich auch seine Tagebücher erschienen. Was nun aber zutage tritt in zwei neuen, höchst ungleichen, aber gleich spannenden Lebensbildern, ist unerwartet und zeigt, wie sehr wir uns täuschen lassen.

Schon nach den Einleitungen hat man das ungute Gefühl, bisher Medienklischees aufgesessen zu sein. In Richard Reeves' packender Chronik *President Reagan: The Triumph of Imagination*[37] erleben wir das Geschehen der Achtzigerjahre noch einmal hautnah mit. Die Erzählung ist um dreiundzwanzig wichtige Tage aus Reagans Amtszeit gruppiert und beginnt mit dem 20. Januar 1981, dem Tag der Amtseinführung und der Freilassung der iranischen Geiseln. Während der scheidende Präsident Carter nach schlaflosen Nächten noch mit Teheran um Details verhandelt, lässt sich Reagan um acht Uhr morgens, vier Stunden vor seinem Amtseid, von seinem Stabschef wecken und fragt ihn halb scherzhaft: »*Do I have to?*«

Vielleicht bedarf es eines Theoretikers wie John Patrick Diggins, um zu erklären, warum bei Reagan als einzigem Präsidenten Namen und Programm verschmelzen konnten zu Begriffen wie *Reagan Revolution* und *Reaganomics*. In *Ronald Reagan. Fate, Freedom and the Making of History*[38] zeichnet er die Jugend und den Werdegang eines Mannes nach, der schon sehr früh tiefe Überzeugungen und ein theoretisches Grundgerüst entwickelte. Theorie? Ronald Reagan?

[37] Richard Reeves, *President Reagan. The Triumph of Imagination*, New York 2006.
[38] John Patrick Diggins, *Ronald Reagan. Fate, Freedom and the Making of History*, New York 2007.

Manche wissen noch, dass er in Hollywood nicht nur Filme gedreht, sondern auch die Schauspielergewerkschaft *Screen Actors Guild* geleitet hat. Aber dass er erfolgreich Wirtschaft studiert, den Sozialphilosophen Frédéric Bastiat gelesen und sich bei Paine, Emerson und Hayek Rüstzeug geholt hat für ein politisch bestimmtes Leben? Dass er kein Intellektueller ist, hat mit fehlender Lektüre weniger tun als mit dem Umstand, dass er seine Texte aussucht zur Stützung einer bereits bestehenden Vision, eines mächtigen Bildes vom frei sich entfaltenden Menschen. Das hat er bereits im Gepäck, als er aus ärmlichen Verhältnissen in Dixon, Illinois, aufbricht ins ferne Hollywood. Dort steht er den Demokraten nahe, unterschreibt Resolutionen gegen die Atomrüstung, legt sich mit kommunistischen Verbänden an und spricht viel von Freiheit. Mit Emerson glaubt er, dass die Grundantriebe des Menschen gut sind und erst im Wettstreit ihre positive Kraft entfalten, mit Hayek ist er überzeugt, dass sie von außen, durch Staat und Bürokratie, behindert werden. Sein früh dokumentierter Antikommunismus (»*communism is contrary to human nature*«) ist eine Unterform seiner Staatsphobie, die ihn als Gouverneur von Kalifornien die erste *welfare reform* versuchen lässt. Der Bilderbuchkonflikt zwischen dem konservativen Gouverneur und den rebellierenden Studenten von 1968 ist in mancherlei Hinsicht ein Scheingefecht. Auch Reagan setzt der Entfaltung des Individuums ungern Schranken und preist die *continuous revolution*, allerdings des Marktes. Wenn er den Demonstranten mit persönlichem Mut entgegentritt (»*Ladies and gentlemen, if there are any...*«) und gelegentlich die Nationalgarde einsetzt, so kann er doch einem Slogan der Zeit aus seiner Sicht nicht widersprechen: *Power to the people!* Seine erste Antrittsrede als Präsident wird unter dem Motto stehen: *Government is not the solution to the problem, government is the problem.*

Im höchsten Staatsamt erweist sich die Wirklichkeit als sperrig, und manchmal resistent, selbst gegenüber dem Charme des *great communicators*. Diggins und Reeves zeigen gemeinsam, wie manch »revolutionäres« Vorhaben danebengeht. Eine Sozialreform misslingt, die Schulden steigen und nach acht Jahren ist *government* so mächtig wie eh und je. Bittere Ironie: Im Iran-Contra-Skandal stellt sich die Staatsmacht sogar über die Gesetze. Wie seine Berater unterliegt auch Reagan dem Irrtum, hinter jedem Aufbegehren der Dritten Welt den langen Arm Moskaus zu vermuten. Dennoch sind am Ende der Amtszeit die Inflation gezähmt, die Steuern gesenkt, die Zuversicht im Land wiederhergestellt und die Grundlagen gelegt für einen langen Aufschwung, von dem vor allem die Nachfolger profitieren werden.

Erfolge treten dort ein, wo sie die Wenigsten erwarten. Um sie zu verstehen, muss ein Mythos ausgeräumt werden, den der *academic-media complex* (Diggins) bis heute verbreitet: Der Präsident habe mit seinem telegenen Charme vor allem die Entscheidungen anderer ausgeführt. Das Gegenteil ist der Fall. »Er hat uns wie Handlanger behandelt«, hat George Shultz über seinen Chef geklagt, einer von drei Außenministern aus Reagans ständig wechselnder Mannschaft. Dass der Präsident Details gern den Mitarbeitern überließ und bei längeren Vorträgen der *fellas* auch schon mal einnickte, hat das Missverständnis befördert.

Ronald Reagan setzt die eigene Agenda um, und in einem Punkt ist er besonders stur: Das atomare Patt erscheint ihm zeitlebens als Ressourcen fressender Unfug und die Adepten der »wechselseitig gesicherten Vernichtung« (*Mutually Assured Destruction, MAD*) als Verkörperung dieses Kürzels. Deshalb, und nicht, weil er die Russen zu Tode rüsten will, setzt er auf ein weltraumgestütztes Raketenabwehrsystem (*SDI* oder *Starwars*) und sucht persönlichen Kontakt zu den Sowjetführern. Beim ersten Gipfeltreffen mit Gorbatschow in Genf beschließt er, seinem Gefühl mehr zu trauen als seinen Beratern. »*I think I can work with this guy*«, weist er den Hardliner Pat Buchanan zurecht. Seine Umgebung belächelt den Versuch, »Vertrauen« zum sowjetischen Generalsekretär herzustellen und hält fest an der These von der Unumkehrbarkeit (*irreversability*) sowjetischer Machtausdehnung. Dennoch kommt es zu einem zweiten Gipfel und Reeves schildert packend, wie in jener stürmischen Nacht von Reykjavik plötzlich alles, selbst das Ende der Atomrüstung, möglich erscheint. Es bedarf dann noch zweier weiterer Treffen und vieler Gespräche der inzwischen befreundeten Staatsmänner, bis der Grundstein gelegt ist für weitgehende Abrüstung in den Abkommen START I und START II.

Monate nur nach Reagans Amtszeit bricht der Ostblock in sich zusammen. Diggins hat recht, wenn er dafür innere Widersprüche des Sowjetreichs eher verantwortlich macht als amerikanische Einflüsse. Dennoch muss diese historische Wende, die Erfüllung dessen, was er sowohl erträumt als auch vorsichtig angekündigt hatte[39], für Reagan eine tiefe Genugtuung gewesen sein. Nur weil er zeitlebens daran festhielt, dass Menschen überall in Freiheit und Wohlstand leben wollen, weil er sich vorstellen konnte und wollte, was anderen, Hochdiplomierten unvorstellbar war, weil er vor allem vertrauen konnte – sich selbst, seinen Grundsätzen und Instinkten, seinen Mitmenschen allgemein und auch Vertretern des *evil empire* – kann man mit Reeves von einem *triumph of imagination* sprechen. Von Reagan selbst, anders als von seinen republikanischen Nachfolgern[40], ist keine triumphierende Äußerung bekannt.

Seine letzte öffentliche Äußerung stammt vom November 1994, drei Monate nachdem bei ihm die unheilbare Alzheimer-Krankheit festgestellt worden war. »*I now begin the journey that will lead me*

---

[39] Die berühmte Rede an der Moskauer Staatsuniversität vom Mai 1988, bei der man Reagan unter einem gewaltigen Lenin-Kopf postiert hatte und er einer staunenden Studentenschaft einen Mikrochip als Zeichen der kommenden Revolution entgegenhielt, endet mit den Worten: »*Is this just a dream? Perhaps. But it is a dream that is our responsibility to have come true. Your generation is living in one of the most exciting, hopeful times in Soviet history. It is the time when the first breath of freedom stirs the air and the heart beats to the accelerated rhythm of hope, when the accumulated spiritual energies of a long silence yearn to break free. We do not know what the conclusion of this journey will be ...*«

[40] So verkündete etwa George Bush sen. in seiner *State of the Union Address* von 1992: »*By the grace of God, America won the cold war.*« Zitiert aus: John Patrick Diggins, *Ronald Reagan. Fate, Freedom and the Making of History*, New York 2007. S. 405.

into the sunset of my life.« Sein Abschied hat etwas Würdevolles und, hätte man früher gesagt, Mannhaftes. Nicht zufällig fallen mir zwei Verse aus Rudyard Kiplings Gedicht *If* ein:

*»If you can meet with triumph and disaster
And treat those two impostors just the same ...«*

November 2007

Entente cordiale, entente mondiale?

Eindrücke beiderseits – und unterhalb – des Kanals

Vor rund hundert Jahren wurde die Erbfeindschaft zwischen England und Frankreich von der *entente cordiale* abgelöst, sagen die Geschichtsbücher. Beobachten lässt sich indes, dass zwischen den beiden Nationen bis heute eine Art herzlicher Abneigung gepflegt wird, die vom Kulinarischen bis hin zum Weltanschaulichen reicht. Da wohnen die *froggies* auf der einen Seite des Kanals und *les roastbeef* auf der anderen, da trennt ein bisschen Wasser die »Staatsvergötterer« und »Überregulierer« von den »Erzkapitalisten« und »Anbetern des Marktes«. Ein paar Stunden *CNBC* aus London oder die Lektüre des *Monde Diplomatique* reichen aus, um eine lange Liste wechselseitiger Herzlichkeiten zu erstellen.

Umso erstaunlicher ist es, dass die Hauptstädte beider Welten von einer Bahnlinie und einem Tunnel verbunden werden, der die Wasser des Channel, der Manche, ihrer Schutzfunktion zu berauben scheint. Vorbei die Zeiten, als dichter Nebel im Kanal – der Nebel ist auch nicht mehr was er einmal war – den britischen Wetterdienst zu der Meldung veranlasste: *Continent isolated*. Im Stundentakt und mit einer Fahrzeit von nur zweieinhalb Stunden ist es jetzt möglich, vom Zentrum von Paris ins Zentrum von London zu rasen.

»Ein persönliches Treffen ist besser als hundert Telefonate«, sagt ein rundlicher Russe zu einem stattlichen Amerikaner, vor mir, auf der Terrasse des Pariser *Cafés Select*. Sie besprechen Ölprojekte. Der Spruch könnte von mir sein, denke ich etwas neidisch, und gebe mich damit zufrieden, ihn meistens befolgt zu haben, vor allem dann, wenn Nützliches und Angenehmes sich mit dem Interessanten verbinden ließen. Es bedurfte deshalb keiner langen Überredung, als Jean-Marie, mein Orakel *for all things French*, mir einen Besuch bei einem potentiellen Lieferanten in England vorschlug. »Wir könnten den Zug nehmen«, sagt er, und ich bin dabei. Er ist mir einen Tag vorausgereist und in meinem Pariser Hotel wartet ein Couvert auf mich mit der Aufschrift »*Eurostar*«.

Der altehrwürdige Bahnhof Gare du Nord erhält durch den Eurostar eine Note des Besonderen, Progressiven. Man kann nicht einfach einsteigen in den Superzug wie in jeden anderen Zug. Man muss in den ersten Stock hinauf, in einen Sonderbereich, der mit seinem automatischen Einchecken erstmals an den Luftverkehr erinnert. Englische Zöllner prüfen Gepäck und Identität. Auf französischem Boden! Man kann zollfrei einkaufen und Geld wechseln. Durch große Glasfenster beobachte ich, wie der Zug unter uns einfährt und eine Schar professionell wirkender *thirty-somethings* ins mittägliche Paris entlässt. Kurz darauf weisen uns dicht postierte Fahrtbegleiter – schwarzer Hautfarbe allesamt – den Weg zu unseren nummerierten Sitzen. Es gibt nur nummerierte Sitze, breit, bequem, drei an der Zahl für die gesamte Zugbreite, und wenn ich diesmal an das Flugzeug denke, dann eher an die Businessklasse.

Ich habe den Fensterplatz N° 48. Neben mir, auf 49, nimmt eine junge Dame Platz und vertieft sich sofort in eine gut strukturierte Mappe Londoner Immobilienprojekte. Die wechselseitige Neugier auf die Herkunft des anderen wird in meinem Fall als Erstes beantwortet. Ich erhalte einen Anruf aus Italien und die Dame erklärt mir sogleich in holprigem, gestenreichem Italienisch, dass sie lieber in Fahrtrichtung sitze und sich einen anderen Platz suchen wolle. Ich nutze die Gelegenheit, um die reichlich und kostenlos angebotene internationale Presse um mich auszubreiten.

A propos Italien! »*Mamma Mia*« titelt der *Economist* zur erneuten Wiederwahl Berlusconis und erklärt ihn mit gewohnter Strenge *unfit to govern*. Juristische Unsauberkeiten und Interessenkonflikte werden als Grund genannt. Immerhin macht ein lebendiges Porträt der Regierung Prodi etwas verständlicher, warum sich die Italiener zum dritten Mal für den *cavaliere* entschieden haben. Demgegenüber wird das Ereignis im deutschen Blätterwald nur mit wortreichem Unverständnis quittiert. Anstatt zu erklären was geschieht, hat Giovanni di Lorenzo in der *Zeit* trotz seines italienischen Namens nur indigniertes Kopfschütteln anzubieten.

Inzwischen hat der Zug die triste *banlieu nord* von Paris verlassen und gleitet kaum hörbar durch Wiesen und Rapsfelder. Unerwartet streift Essensduft meine Nase und schon sind ein Stofftischtuch und Silberbesteck vor mir ausgebreitet. Wieder muss ich an die Businessclass denken und frage mich, was man hier eigentlich noch besser machen kann. Der Lammbraten und das Kartoffelgratin lassen keine Wünsche offen. Selbst bei dreihundert Stundenkilometern muss ich keinen Augenblick um die Stabilität meines Rotweinglases fürchten. Spätestens jetzt ist klar, dass Fliegen, ganz gleich in welcher Klasse, mit dieser Zugfahrt nicht konkurrieren kann. Wer die Flughäfen Heathrow und Charles de Gaulle kennt, weiß, wovon ich rede.

Gerade habe ich die Backstein-Bauernhöfe und schwarz-weißen Kühe als typisch für *le nord* erkannt, als der Zug völlig unvermittelt in einer schwarzen Röhre verschwindet und mit scheinbar ungebremster Geschwindigkeit weiterrast. Dieses Dahinzischen in Verbindung mit sanfter Hintergrundmusik ist vielleicht dafür verantwortlich, dass bei mir keinerlei Gefühl von Beklemmung aufkommt. Nach etwa zehn Minuten tauchen wir ebenso unvermittelt wieder auf und die Häuser, Kühe und Rapsfelder verraten mir nicht, wo ich bin. Erst nach einigen Minuten bestätigen die typischen *semi-detatched houses* das theoretisch Gewusste: Wir sind in *Good Old England* und bis London sind es noch wenige Minuten. Die erst kürzlich fertiggestellte Schnellstrecke auf englischem Boden mit vielen weiteren Tunnels endet neuerdings im völlig neu gestalteten, vielfach ausgezeichneten Bahnhof St. Pancras International. »Das wurde auch Zeit«, werden sich vor allem die Franzosen gedacht haben, für die das Unternehmen bisher in Waterloo (Station) endete.

Ich muss an meine ersten Zugfahrten in England Anfang der Siebzigerjahre denken, als ich jetzt in St. Pancras staunend den Regionalzug nach Norden besteige. Wo sind sie geblieben, die Sechspersonenabteile, die man direkt vom Bahnsteig aus betrat, die Herren im Anzug mit Schirm und manchmal Melone, die fast alle den *Evening Standard* lasen, rauchten und sich flüchtig begrüßten? Der heutige Großraumwaggon erinnert an das entsprechende Büro, jeder zweite telefoniert oder hat aus anderen Gründen einen Knopf im Ohr, Zeitungen sind rar und Laptops verbreitet, das lockere Outfit weist den Individualisten aus und den Einzelkämpfer. Das Rattern und Schlagen der Schienen ist einem eher sanften Gleiten gewichen, der Stationsausrufer im Bahnhof einem Tonband im Zug, und erst bei meiner Ankunft am Bahnsteig von Kettering erwartet mich Vertrautes: die rundliche Silhouette meines Freundes Jean-Marie.

Wie kommt es, dass wir in Wirtschaftsdingen gerne an Raubtiere denken, an das Fressverhalten von Haien, Hyänen und Heuschrecken? Meine eigene Erfahrung trägt das nicht mit. Gewiss, es gibt Wettbewerb, harten Wettbewerb, und im Wirtschaftsleben spiegelt sich die menschliche Natur in ihrer ganzen Breite wieder. Dann aber müssten logischerweise Wohlwollen und Mitgefühl dort ebenfalls ihren Platz finden. Wir aber sehen im *homo oeconomicus* gern etwas anderes als den Menschen an sich, und verstellen uns mit vermeintlicher Wissenschaftlichkeit den Blick fürs Reale.

Nie werde ich die tastenden Anfänge meiner Firma vergessen, als ein noch unerfahrener *thirty-something* auf einer Pariser Messe erstmals seine Waren anbot. Ich besuchte den Stand einer spanischen Firma, von der ich mir Interesse für meine Produkte erhoffen durfte. Nach einem langen Gespräch schüttelte der Einkaufsleiter den Kopf und so packte ich mit gefasster Miene meine Muster wieder ein. Da nahm er einen kleinen Zettel, schrieb etwas darauf, und schob ihn mir herüber. Es war die Adresse einer englischen Firma, die bis heute zu meinen treuesten und ertragreichsten Kunden zählt.

Auch heute fühle ich mich beschenkt, als wir die Lobby von Rushton Hall betreten, ein zum Hotel umgebautes Schloss in Northamptonshire. Hat jemand weitererzählt, dass ich Geschichte mag, dass es mir Freude machen würde, unter dem Dach eines Mitverschwörers von Guy Fawkes zu wohnen? Als ich etwas bang ob des allgegenwärtigen Luxus meine Kreditkarte über die Theke schiebe, erfahre ich, dass das Zimmer bezahlt ist. Und es kommt noch besser: Nach einem Drink unter den huldvollen Blicken derer von Tresham, in der von Ahnenporträts umrahmten Bibliothek, werden wir zum Abendessen abgeholt. Reitpferde kreuzen immer wieder unseren Weg, Rutland County gilt als *horse country*. Edle Karossen zieren den Parkplatz von Hambleton Hall, einem kleinen, ländlichen Refugium. Inmitten der sanften Hügel von Rutland hat sich ein Lebemann und Brauereierbe des 19. Jahrhunderts, Walter Marshall, sein Jagdschloss an einen See gebaut. Stolz prangt sein Wahlspruch über dem Steinportal: *Fay ce que voudras*. Der Anklang an Rabelais setzt sich auf der Speisekarte fort – wenn da nur nicht die Preise wären. Selbst durchschnittliche englische Restaurants strapazieren den mit Euros gefüllten Geldbeutel – was hier verlangt wird, sprengt jede bekannte Relation von Geld und Nahrung. Doch ist auch die übliche Geringschätzung englischer Kochkunst, sollte sie noch bestanden haben, beim Hauptgang spätestens verschwunden. Beim Dessert erfahre ich eher beiläufig, dass das Restaurant einen Michelin-Stern besitzt. Beim *Vin Santo*, von dem es zehn zur Auswahl gab, erhasche ich einen Blick auf die vorbeigereichte Rechnung: Sie ist vierstellig. Das Gespräch gleitet weiterhin, leicht und mit Augenzwinkern, über die endlosen Kuriositäten und Kalamitäten transnationalen Handels. Es ist unsicher, ob wir jemals Geschäfte miteinander machen werden, sicher ist, dass ein »normales« Lokal auch genügt hätte und es meine Gastgeber ganz offensichtlich freut, sich und andere zu beschenken.

Zurück in Schloss Rushton irre ich durch ein Labyrinth von Treppen, Winkeln und Steigen, das neuzeitliche Logik zu verspotten scheint. Manche Gänge sind hoch und breit, andere schmal und kaum mannshoch, manche führen weiter – andere nicht. Die Zimmer haben Namen, keine Nummern, und an der Rezeption werden wohl Wetten abgeschlossen, wie lange der Spätheimkehrer bis zu seinem *Lake Room* braucht. Als ich ihn endlich gefunden habe, staune ich über den kreativen Umgang mit der mittelalterlichen Bausubstanz – was tut's, dass das Badezimmer etwas größer geraten ist als das Zimmer selbst.

Wie so häufig – das Phänomen müsste erforscht werden – habe ich ein Buch im Gepäck, das mir die Geschehnisse des Tages zu begreifen hilft. Was hat Gertrude Himmelfarbs letztes Werk *The Roads to Modernity. The British, French and American Enlightenments*[41], mit der Großzügigkeit meiner Gastgeber zu tun? Die amerikanische Historikerin/Soziologin unternimmt es, der englischen Aufklärung eine Vorrangstellung zurückzugeben, die nach herkömmlicher Auffassung den Franzosen zukommt. Was die *moral philosophers* eint und auszeichnet, nach Himmelfarb, ist nicht nur ihre größere Praxisnähe gegenüber der Randstellung der *philosophes* als Intellektuelle. Es ist vor allem die Tatsache, dass sie einen *moral sense* postulieren, ein Gefühl für Gut und Böse, das schlicht zum Menschen gehört und nicht mehr abgeleitet werden kann. *Fellow-feeling, benevolence, sympathy, compassion* und *generosity* heißen die Stichworte, Earl of Shaftsbury, Adam Smith, David Hume, Bischof Butler und Edmund Burke die Protagonisten. Bei der Verteidigung der *social affections* legen sich die Genannten sogar mit ihren Landsleuten Locke und Mandeville an, für die alle menschlichen Handlungen in Sinneswahrnehmungen bzw. Eigeninteresse begründet sind. Nach Himmelfarb ließ das englische *age of benevolence* eine Fülle philanthropischer Bewegungen und Einrichtungen entstehen, die einen graduellen Übergang in die Moderne ohne Revolution ermöglichen.

Wie passend, diese Würdigung des Wohlwollens an einem Abend, an dem zum Genuss auch noch die Erkenntnis tritt und die Dankbarkeit für manch unverdiente, nicht berechnende *acts of kindness*.

---

[41] Gertrude Himmelfarb, *The Roads to Modernity. The British, French and American Enlightenments*, New York 2005.

Sie begegnen mir im Übrigen beiderseits des Kanals – und an anderen Orten der Welt. In einem Punkt allerdings bleibt meine Neugierde unbefriedigt, und beim Kauf des Buches hatte ich gerade dies zu erfahren gehofft: Wie kommt es, dass sich in Frankreich ein anderer Typ von Aufklärung durchgesetzt hat – Himmelfarb nennt ihn die *ideology of reason* – als die in England vorherrschende *sociology of virtue*? Die Autorin zitiert ein schönes Wort von Tocqueville und verweist auf die unterschiedlichen *habits of the heart* und *habits of the mind* in den beiden Ländern. Das aber ist letztlich ein Zirkelschluss und so bleibt mir die Frage erhalten für meine Rückfahrt über den Kanal.

Auf der Rückfahrt im *Eurostar* wiederholt sich eine Erfahrung heutigen Bahnreisens: Es wird gearbeitet. Der Ortswechsel an sich, die Veränderung von Land und Landschaft scheint nicht zu interessieren, wichtig ist das Ankommen. Neben mir sitzt ein junger Schwarzer, laut hörbar französisch sprechend, und statt der Immobilienprojekte organisiert er Rockkonzerte – international und in großem Stil. Soll er doch, denke ich mir, während ich Kühe und Dörfer betrachte und meine Freude daran habe, an den Autos der lange parallel laufenden *autoroute du nord* vorbeizuhuschen.

Über die Gänge des Zuges hinweg finden Gespräche statt, auf Englisch zumeist mit verschiedenen Akzenten. So ist sie, unsere Zeit, denke ich mir, sie zwingt zur Verständigung. Wenn man so will, kann man auf die friedensstiftende Wirkung internationalen Wirtschaftens schließen. Wollte man allerdings ein »Ende der Geschichte«, eine unausweichliche *entente mondiale* daraus ableiten, so wäre dies in meinen Augen fahrlässig und überspannt. Auch mancher meiner Mitreisenden mag im Stillen das Verschleifen nationaler Ecken und Kanten bedauern, das im Zuge der Globalisierung zu erfolgen scheint. Auf *CNBC* erklärte jüngst der Chef des französischen Weltkonzerns *Publicis*, Maurice Lévy, er habe stets dem Druck widerstanden, sich als Angelsachse zu verkleiden. Vor allem bei Kunden in kleineren Ländern habe ihm dies Vorteile eingetragen. Sprach's (auf Englisch) und lächelte. *Vive la différence!*

Der Tag unserer Rückkehr aus England ist auch der Tag, an dem Nicolas Sarkozy die Crème de la Crème der Medienwelt zu einem großen Interview in den Élysée geladen hat. Er ist genau ein Jahr im Amt und der Absturz in der Wählergunst ist dramatisch. Dynamisch und wortgewandt wie immer tritt er vor die Nation und doch kann er seine Bedrängnis nicht verbergen. Wie konnte es so weit kommen? Er hat zu viel begonnen und zu wenig vollendet, sagen die Fachleute, er hat zu viel Privates im Lichte der Öffentlichkeit zelebriert, er hat dem Druck des Wettbewerbs, der am sozialen Zusammenhalt zerrt, nichts Wirksames entgegensetzen können – all dies ist richtig und doch nur die halbe Wahrheit.

Etwas typisch Französisches läuft hier ab, leicht zugespitzt durch die Persönlichkeit des Staatschefs. Aus der gewollten Ferne von Volk und Regierung, aus der umfassenden Zuständigkeit hier und der umfassenden Erwartung dort folgt fast zwangsläufig und schnell die Ent-Täuschung. »Hosianna« und »Kreuziget Ihn« liegen eng zusammen in der französischen Politik. Da hat einer alles auf sich genommen, hat nicht nur Reformen, sondern den Bruch (*rupture*) versprochen, hat das als Puffer gedachte Amt des Premierministers entwertet, indem er selbst viel Tagespolitik betrieb und bezieht nun konsequent Prügel für alles. Auf den politischen Bestsellerlisten sind die lobenden und schmeichelnden Titel den hasserfüllten und denunziatorischen gewichen. Hier eine kleine Auswahl:

Serge Hefez, *La Sarkose obsessionnelle*, April 2008
Sébastien Lapaque, *Il faut qu'il parte*, März 2008
Thierry Desjardins, *Galipettes et Cabrioles à l'Élysée*, März 2008
Pierre Moscovici, *Le Liquidateur*, April 2008
Laurent Joffrin, *Le Roi est nu*, März 2008

Zwei Tage später, beim Fischessen mit Jean-Marie im Restaurant *Bar à Huitres*, verteidigt er seinen Parteifreund mit dem Argument, Sarkozys öffentliches Privatleben spiegele seinen unbedingten Willen zur Transparenz wieder. Ich habe schon bessere Argumente von ihm gehört und finde den Bruni-Rummel weiterhin peinlich und dem höchsten Staatsamt abträglich. Meine unfranzösische Strenge an dieser Stelle fällt mir auf und ich will hoffen, dass sie nur der Sorge um die Würde der *res publica* geschuldet ist. Immerhin scheint es dem frisch Vermählten zu gelingen, für die öffentlichen Angelegenheiten noch genug Tatkraft aufzubringen.

Ich bilde mir ein, kein Snob zu sein, und doch finde ich mich manchmal an Orten wieder, deren Exklusivität dem Normalsterblichen nur Stippvisiten gestattet. Vielleicht ist es die Suche nach einem Glück, das uns auf Erden nur als Wimpernschlag begegnet, nach jenen wenigen Momenten der Perfektion, in denen alle fünf Sinne manchmal auf höchstem Niveau zu einem harmonischen Ganzen zusammenstimmen …

Warum muss ich aber auch an einen Cocktail denken, als ich am späten Nachmittag am Hotel *Georges V* in der gleichnamigen Avenue vorbeikomme. Schon haben mich zwei reizende Herren zu einem perfekt platzierten Fauteuil geleitet, und der Glanz des berühmten Barraums *La Galerie* macht mich ganz schwindlig. Ich habe wohl noch nicht begriffen, wo ich bin, denn ich lege zwei Bücher, Mitbringsel aus dem *Musée d'Orsay*, neben mir auf den Boden. Schon eilt ein dienstbarer Geist herbei und bettet sie auf einen brokatbezogenen Schemel, auf dem sie fortan mit eigentümlicher Wichtigkeit thronen. Kaum habe ich Luft geschöpft, da werde ich Zeuge einer Szene, zu der in der Sitzgruppe nebenan wohl der festliche Rahmen inspiriert: Ein älterer Herr im knallgrünen Pullover, Südafrikaner meiner Schätzung nach, erklärt seiner deutlich jüngeren Begleiterin, sie sei *just right for him*, und die Champagnergläser klingen. Vor mir empfängt der *maître de plaisir* eine schmuckbehängte Dame großfürstlichen Zuschnitts und ihren etwas dekadenten Sohn überschwänglich und mit Küsschen. Verloren in diesen Bildern hätte ich fast den Herrn im schwarzen Anzug übersehen – Kellner ist hier das falsche Wort –, der sich von der Seite genähert hat und mich mit einer Vertrautheit begrüßt, als sei ich schon oft, wenn auch nicht oft genug, sein Gast gewesen. Obwohl er eine Karte bringt, legt er mir mit konspirativ gesenkter Stimme eine Spezialität ans Herz, die weder dort noch irgendwo sonst auf der Welt zu finden sei: *Vodka au Caviar de Grand Marnier*. Was beim ersten Hören etwas *fishy* klingt, erweist sich beim ersten Schluck als exquisite Köstlichkeit. In einem hohen, konischen Glas klarsten Wodkas schwimmen durchsichtige, silbrige Likörperlen. Zur leichteren Aufnahme wird auch ein Löffel gereicht, und damit dieser nach Gebrauch nicht den Tisch berührt auch ein Glasblock mit der perfekten, entsprechenden Aussparung.

Musik mischt sich in das Brummen und Schwirren der Stimmen. Eine Pianistin zaubert mit sanften Anschlägen melancholische Klangbilder à la Erik Satie. Warme Farbtöne von Holz und Gold verschmelzen mit meinem inneren Wohlgefühl wachsender Wärme. Eine schöne Japanerin rechts neben mir hebt ihre Teetasse mit unvergleichlicher Anmut. Dass ich beobachtet werde, bilde ich mir wohl nur ein, aber hinter meiner linken Schulter thront Georg V. auf einem Marmorsockel und beobachtet das Ganze mit britischem Gleichmut.

Dass der Wodka wie versprochen von allerhöchster Güte ist, merkt man daran, dass man ihn nicht merkt, oder viel zu spät, als mir im Taxi die Bildbände auf ihrem edlen Schemel einfallen. Wir kehren um und im Foyer warten bereits die beiden reizenden Herren auf mich, die das Malheur bemerkt und die Bücher geborgen haben. Erst jetzt fallen mir die riesigen Blütenstauden in ihren mannshohen Glasvasen auf, deren Duft bereits den ganzen Abend lang den Sinnennebel verstärkt hatte.

Wie viel Ermutigung doch von einem einzigen, zugegeben randhoch gefüllten Glas Wodka ausgeht! Plötzlich scheint es mir normal, Nobles zu Noblem zu fügen, in der *Rotonde* zu Abend zu essen und dabei darauf zu achten, die edle alkoholische Grundlage nicht durch schlechten Wein zu verderben. Und je mehr mir dies gelingt, und sich der Abend zu einem stimmigen Ganzen fügt, desto zwingender, ja geradezu unabweislich erscheint es mir, ihn in der *Closerie des Lilas* am Boulevard du Montparnasse zu beschließen. In den letzten hundertfünfzig Jahren haben Rimbaud und Breton, Lenin, Joyce und Hemingway in der berühmten Bar verkehrt und manch künstlerisches Manifest, manch neue Denkart hat von hier ihren Ausgangspunkt genommen. Das Personal strahlt bis heute eine bartechnische Kompetenz aus, als müsste es jederzeit gewärtig sein, Scott Fitzgerald zu bedienen. Damit wir Heutigen etwas mehr Ehrfurcht haben, sind die Namen der berühmten *habitués* an ihren Stammplätzen in die Tischplatten eingelassen. In Gedanken versunken und mit dem Blick eher die Ferne fixierend, habe ich lange nicht gemerkt, wo ich sitze. Erst spät fällt mein Blick auf das Messingschild vor mir und die Stimmigkeit ist nicht zu überbieten: Guillaume Apollinaire ist hier gesessen und sein Hauptwerk trägt den Titel *Alcools*.

Damit es mir nicht zu gut geht, fällt mir die Aprilnummer der Zeitschrift *Esprit*[42] in die Hände. Sie trägt den Titel *Le temps des catastrophes* und behandelt alle heute bekannten Bedrohungen. Ich stecke mir die zweihundertfünfzig Seiten in die Tasche und beschließe, sie nur in kleinen Happen zu »genießen«. Der Eingangstitel lautet *Penser les catastrophes* (Die Katastrophen denken) und mir fällt auf, dass wir so nicht formulieren würden. Ewas zu »denken« ist eine sehr französische Art, sich die Wirklichkeit anzueignen. Leider haben Katastrophen die Eigenschaft, auch denkende Menschen zu überraschen.

Vielleicht bringe ich einen milden Protest gegen die grassierende Gesundheitsreligion zum Ausdruck, als ich mir für mein Mittagessen ein Bistro namens *Au chien qui fume* aussuche. Die ockergelben Wände, die Jugendstillampen und manch anderes Inventar gehen auf eine Zeit zurück, als der erste Besitzer – angeblich – einen Pfeife rauchenden Hund besaß. Die heutigen Inhaber, ein resoluter Wirt mit Bäuchlein und seine feenhafte Partnerin, verbreiten eine Atmosphäre familiärer Vertrautheit.

Vor mir, im sonnigen Teil der Terrasse, hat eine alte, fragile Dame Platz genommen. Wirt und Wirtin begrüßen sie mit Küsschen und nennen sie »Mamie«. »Mamie« wählt nach einigem Hin und Her das

---

[42] Esprit, Mars-Avril 2008, *Le temps des catastrophes*, Paris 2008.

Tagesgericht und als Nachtisch frische Erdbeeren. Immer wieder schaut einer der Wirtsleute kurz vorbei mit einem Wort zu Wetter und Gesundheit. Es ist deutlich, dass »Mamie« hier Stammgast ist, und dass sie die Aufmerksamkeit genießt. Ich stelle mir vor, ohne es zu wissen, dass dieser mittägliche Ausflug einen Höhepunkt in einem wenig ereignisreichen Tagesablauf bildet. Warum betrachte ich diese Szene mit so viel Interesse? Das kleine, einfache Glück, das Menschen einander bereiten können, bewegt mich und stimmt mich froh.

Von der strahlenden Frühlingssonne verlockt, setze ich meinen Weg fort, den Boulevard du Montparnasse hinunter, in den Boulevard des Invalides einmündend, bis die leuchtend goldene Kuppel des Invalidendoms vor mir aufragt. Ich bin so lange nicht hier gewesen, dass ich fast fürchten müsste, unter die hiesigen Pensionäre zu passen, hätte ein gnädiges Schicksal mir nicht den Kriegsdienst erspart. Dafür hat es mir die Aufgabe gestellt, eine Nation zu begreifen, für die der vergangene Einsatz von Waffen nicht nur Schmach bedeutet. Es ist noch relativ einfach, sich von Napoleon zu distanzieren, dessen *gloire* am Prunksarg unter der Kuppel gepflegt wird, und seinen ausgestellten grauen Gehrock samt Hut nicht für den Mantel der Geschichte zu halten. Schwieriger ist es schon, von dem Ernst nicht ergriffen zu sein, mit dem Frankreich seiner Toten der *Grande Guerre* von 1914 bis 1918 gedenkt. Da wird nicht an »Opfer« erinnert, sondern an »Retter«, an Menschen unterschiedlichsten Ranges, deren Tapferkeit der Nation zu überleben half.

Marschall Fochs Grab mit seiner Aura der Düsternis und Bedrückung prägt sich mir ein. Schwarze, mannshohe Soldaten in Felduniform tragen gesenkten Hauptes eine Bahre. Davor ein schlichtes Schild: »Maréchal Foch«. Nicht weit entfernt ist vor wenigen Tagen, am 17.3.2008, eine neue golden Inschrift angebracht worden: »*Jetzt, da der letzte französische Teilnehmer des 1. Weltkrieges von uns gegangen ist, bringt die Nation nochmals ihre Dankbarkeit gegenüber jenen zum Ausdruck …, die im Großen Krieg … gedient haben und unter dem Namen* poilus *in die Geschichte eingegangen sind …*«

Das angegliederte *Musée de l'Armée* lässt mit politischen Dokumenten, mit Bildern und Werkzeugen des Grauens, die beiden Weltkriege nochmals lebendig werden. Ein buntes internationales Völkchen zieht durch die nationale Weihestätte, viele Spanier fallen mir auf, viele Kinder, wenig Deutsche, und im munteren Sprachgewirr und unter der strahlenden Frühlingssonne erscheinen die Nationen und ihre Kriege eigentümlich irreal und weit entfernt. Halb zumindest, was Europa betrifft, stimme ich in die Hoffnung ein und kaufe mir im Museumsshop den zweiten Teil von de Gaulles Erinnerungen: *Mémoires d'espoir*. Bevor ich mir ein Taxi zum Hotel und zum Flughafen suche, setze ich mich in den Park, den Mansart so schön gestaltet hat, und lese ein paar Seiten. Das Buch wird in meinem Regal neben dem ersten Teil, den *Mémoires de guerre*, stehen, und über den tiefen und dauerhaften Zusammenhang beider Titel mache ich mir keine Illusionen.

Juli 2008

CHANGE HAPPENS

Krise und Wahlkampf im sommerlichen Amerika

Einen »Ort, wo man die ganze Welt im Kleinen betrachten kann«, hat Lessing das Leipzig seiner Zeit genannt und mit wie viel mehr Recht kann man dasselbe von den Großflughäfen unserer Tage sagen! Am Pariser Airport Charles de Gaulle, wo ich auf den Weiterflug nach Washington warte, paradiert die Musterkollektion der entstehenden Weltgesellschaft vor meinen Augen. Während ich an der leidigen Röntgenschleuse alle Rassen und Kleiderordnungen der Welt bestaune, verfolgt mich hartnäckig eine Frage: Wer ist attraktiver? Die bildhübschen jungen Araberinnen in ihren schwarzen *abayas*, die nur wenige Zentimeter ihres Gesichts offenbaren, oder die junge Französin nebenan, deren Hosenbund unterhalb des Nabels bei jeder Hüftbeuge ein rückwärtiges Dekolleté zu offenbaren droht? Zumindest scheinen die Absichten der Kleidermacher und die Ergebnisse ihres Tuns nicht immer eng zu korrelieren. Wundersam sind die Wege menschlicher Fantasie!

Vielleicht senden ja auch die Accessoires verdeckte Botschaften. Eine der Araberinnen trägt eine Einkaufstüte von Chanel, mattschwarz wie ihr Gewand und mit einem geraden, weißen Schriftzug in der Mitte. Schönheit und Strenge des edlen Behältnisses scheinen wie für die neue Kundschaft entworfen. Hat da jemand frühzeitig die Zeichen der Zeit erkannt?

Flughäfen haben etwas tief Symbolisches für mich. Ihr Trubel und ihre Vielfalt, ihr Dauerzustand hektischen Fließens geben mir das Thema vor, das mich auf meiner Sommerreise in die USA begleiten wird: Veränderung, Wandel – *change*, erhofft und erlitten, propagiert in einem Wahlkampf, der in eine Wirtschaftskrise fällt, reflektiert in einem aufgerüttelten Land, das seine Grundlagen neu bedenkt.

Die erste politische Neuerscheinung, die mir in die Hände fällt, Thomas Franks Buch *The Wrecking Crew. How Conservatives Rule*[43] beginnt mit einem Schock für mich. »Washington«, muss man dazu wissen, ist ein Un-Wort, ein Un-Ort in amerikanischen Wahlkämpfen, Hort der Gekauften und Volksfernen, Summe all dessen, was der brave Wähler endlich ausmisten und reformieren will. Beide Kandidaten versprechen ihm genau das, und man fragt sich bisweilen, ob die beiden Senatoren all die Jahre ihrem Arbeitsplatz nur per Fernleitung zugeschaltet waren. »Washington« also ist im amerikanischen *blame game* eine wohlbekannte Größe.

Aber Loudon County, Virginia? Das friedliche Stückchen Erde, in dem ich seit Jahren Quartier nehme, zwischen Washingtons Flughafen Dulles und Leesburg gelegen, erscheint gleich zu Anfang von Franks Buch als Chiffre des Bösen. Wie das? Loudon ist reich und es wächst schnell – zugegeben. Und es weist viele jener überdimensionierten Einfamilienhäuser auf, die man gern als *McMansions* verspottet und die oft den schlechten Geschmack des neuen Geldes offenbaren – auch das stimmt. Was Thomas Frank aber in Rage bringt und Loudon in seinen Augen verächtlich macht, sind die vermeintlichen Bewohner dieser Häuser: Lobbyisten, die ihr Geld angeblich mit dem Abwracken des Sozialstaates verdienen.

Ich muss fast lachen über so viel Ideologie und bin versucht, ein wenig Realitätskunde zu betreiben. Loudon liegt im *tech corridor* westlich von Washington und beherbergt die Stars der amerikanischen Telekombranche (Nextel, Sprint, Verizon etc.) sowie einen Kometenschweif an innovativen Zulieferern. Hier wird in ganz anderem Maße Geld verdient als bei den Lobbyisten, selbst wenn diese allesamt hier Quartier genommen hätten. Franks Buch gehört zu

---

[43] Thomas Frank, *The Wrecking Crew. How Conservatives Rule*, New York 2008.

jener wachsenden Gattung von Literatur, die alle Schuld auf der einen und alles Heil auf der anderen Seite des politischen Spektrums verorten will.

An Loudon angrenzend liegt das ebenfalls gut entwickelte Fairfax County, und in seiner Mitte ein Juwel von Charme und Seltenheitswert. Reston Town Center ist der gelungene Versuch, in den Weiten von *suburbia* ein Zentrum mit fast italienischem Flair zu errichten. Ein Kranz von Häusern umschließt eine *piazza* mit Cafés und Springbrunnen, einer Freilichtbühne und einer *gelateria*. Geschäfte, Restaurants, Kinos und ein Hotel sorgen für den nötigen Publikumsverkehr. An den Rändern und in zwei eigenen Gebäuden wird bereitgestellt, was europäischen Großstadtbewohnern immer noch wie ein Geschenk erscheint: Parkplätze im Überfluss.

An den dortigen *Barnes & Noble Bookstore* ist ein *Starbucks* angegliedert und vor den Lesestunden dieses Nachmittags ist mir nach Kaffee. Ich weiß, dass der Italiener, und ihm folgend der stilbewusste Europäer, den Cappuccino lieber stehend an der Bar genießt, in mittelgroßen Porzellantassen, und dass er Bücher und Lebensmittel aus Angst vor Flecken möglichst voneinander trennt. Zum Glück fällt mir ein altes Sprichwort ein: *When in Rome, do as the Romans do.* Also mache ich es wie die Einheimischen und nehme meinen Pappbecher mit in den Buchladen, wo der *cappuccino grande* lange warm bleibt und mir den Nachmittag versüßt.

Von meiner günstigen Warte, einem Fauteuil zwischen den Rayons *spirituality* und *personal finance*, betrachte ich die Amerikaner in Freizeitkleidung. An gewisse Formen der Lässigkeit, vor allem den Anblick stattlicher Männer in kurzen Hosen, werde ich mich wohl nie gewöhnen. Dabei bin ich selbst schon der Verlockung niedriger Preise erlegen und habe amerikanische Beinkleider – lange allerdings, nicht kurze – von einer USA-Reise mit nach Hause gebracht. Irgendwie schienen sie zu umfangreich zu sein, so als hätten sie, um in der Börsensprache zu reden, die nächste Runde des Wachstums schon eingepreist. Der Gedanke lässt mich aufstehen und in einem guten amerikanischen Bekleidungsgeschäft nebenan nach Hosen mit engerer Passform fragen – vergeblich. Ohne viel Hoffnung schlüpfe ich im nächsten Geschäft wieder in ein Paar Hosen – und bin hellauf begeistert. Das Etikett nennt den Namen eines italienischen Edelschneiders und den Preis, der dazu passt. Zum Glück steht der Dollar günstig. In Bekleidungsfragen, bekenne ich mit einem Seufzer, muss ich das zitierte Sprichwort wohl abändern bzw. verkürzen: *Do as the Romans do!*

Wenn »die Kanonen donnern« an den Finanzmärkten und die Unsicherheit vorherrscht, sucht die Nation Halt und Einsicht beim (erfolg-)reichsten aller Investoren. Warren Buffet, das »Orakel von Omaha«, erhält auf *CNBC* eine ganze Serie von Interviews. Sein konservativer *value*-Ansatz erscheint in Zeiten platzender Spekulationen noch klüger als sonst und sein *country*-Stil als heilsamer Gegenpol zur Hybris der Wall Street. Geradezu hinreißend ist seine Bescheidenheit, die an Schüchternheit grenzt, gepaart mit schrulligem, erdigem Humor. Gefragt, ob er sich zu deutlich reduzierten Kursen bei Banken engagieren wolle, verweist er auf die mangelnde Transparenz ihrer Bücher: »*You discover who is swimming naked when the tide goes out.*« Während Publikum und Fragestellerin noch das gewagte Bild verarbeiten, setzt er sein verschmitztes Lächeln auf und ergänzt: »*Right now Wall Street looks like a nudist club.*« Ein paar Wochen später wird er sich mit fünf Milliarden Dollar bei Goldmann Sachs engagieren und die Anfangsverluste ungerührt hinnehmen. Auch mit achtundsiebzig Jahren ist Warren Buffet nicht bereit, in der Dimension von Monaten zu denken.

»Panikmache ist seit dem 11. September zu einem blühenden Wirtschaftszweig geworden«, schreibt Fareed Zakaria in seinem neuen Buch und erspart es mir, meine eigene kleine Textsammlung zu diesem Thema zu vollenden. Unter dem Titel »Neues vom Weltuntergang« wollte ich neuere, sich meist widersprechende Theorien ökonomischer und ökologischer, demografischer und kultursoziologischer Provenienz zusammentragen, nach denen Amerika, der Westen insgesamt und vielleicht die ganze Welt sich demnächst verabschieden. Dabei könnte man Zakarias Werk, wenn man nur den Titel liest, versehentlich ebenfalls der *doomsday*-Literatur zuordnen. *The Post-American World*[44] heißt das zweite Buch des jungen Amerikaners, der mit achtzehn Jahren aus Indien zuwanderte und jetzt die internationale Ausgabe von *Newsweek* herausgibt. Aber nicht der viel zitierte *Decline of the West* ist seine Kernthese, sondern, phonetisch daran angelehnt, *The Rise of the Rest*, der Aufstieg der Anderen (so auch der Titel der deutschen Übersetzung).

Das Buch, 2008 kurz vor dem Crash erschienen, beginnt mit Paradoxien: Während Krieg und Terror die Welt in Atem hielten zu Beginn des Jahrtausends, war das Wirtschaftswachstum weltweit erstaunlich robust und: Die »Gegenentwürfe« à la Bin Laden oder Hugo Chavez lösen wenig Sehnsucht aus in der aufstrebenden Welt. Auf die je eigene, regionale Weise, und mit viel Kritik am fernen »Hegemon« »geht die Welt Amerikas Weg«. Etwa zwei Milliarden Menschen haben sie neu integriert in die *global economy* und die Entwicklung scheint unumkehrbar.

Amerika indes wird durch den Prozess eher herausgefordert als bestätigt, nicht nur wegen des unvermeidlichen *relative decline* der eigenen Machtstellung. Was einst als Ruf nach »Öffnung« von hier hinaushallte in die Welt kehrt jetzt in Form von Menschen und Waren wieder zurück, und nur die *business elite* kann einigermaßen damit umgehen. Dass seine *insularity*, die einst so nützliche Abgeschlossenheit auf einem Kontinent, bedroht ist, löst Angst und Rückzug aus in Amerika: *Just as the world is opening up, America is closing down.* Man muss dem Land nicht übel wollen, um Amerikaner manchmal als »ahnungslos« zu empfinden *about the world they are supposed to be running.*

Dies ist die Stunde Zakarias der, von »außen« kommend und »innen« angekommen, brillante Porträts der Neuaufsteiger vorlegt: des »Herausforderers« China mit seiner phänomenalen dreißigjährigen Entwicklungsgeschichte und dem Versuch, das Riesenreich *top-down*

---

[44] Fareed Zakaria, *The Post-American World*, New York 2008 (*Der Aufstieg der Anderen: Das postamerikanische Jahrhundert*, München 2009).

zu verwalten und zu regieren. Und des quirligen »Partners« Indien mit seiner umgekehrten *bottom-up*-Tendenz, seiner bunt-chaotischen Gesellschaft, die einer schwerfälligen Demokratie auch schon mal Beine mache. In ihrem Pragmatismus und Mangel an missionarischem Eifer, in ihrem Bemühen, die Weltbühne eher auf leisen Sohlen zu betreten, glichen sich die sonst so ungleichen Mächte. »Inder kommen gern nach Amerika« (»*it's a noisy open society with a chaotic democratic system, like theirs*«) – und sie seien nicht die Einzigen. Auf der Suche nach Amerikas Zukunft in der *post-American world* blickt Zakaria deshalb auch auf die Stärken des Landes: »Amerika bleibt die wettbewerbsfähigste Volkswirtschaft der Welt«, und: Die Führung sei gerade dort besonders ausgeprägt, wo Erfindergeist und Spezialisierung gefragt sind (Biotechnologie, Nanotechnologie etc.). Während an den Schulen vieles im Argen liege, seien »die Hochschulen Amerikas Schlüsselindustrie«. Amerikanische Universitäten zögen die Besten der Welt an, weil sie das Denken lehrten, das Akzeptieren von Nichtwissen als Grundlage neuen Wissens. Wenn dieses Denken auch wieder in die Politik vorstoßen würde (Zakaria nennt die amerikanische Politik weitgehend »dysfunktional«), wenn das Land sich seiner Ideale besinne und sich nicht abschließe gegen den Beitrag der »anderen«, dann könne hier etwas entstehen, was auch das *post* im Buchtitel wieder in Frage stellt: »*The first universal nation, made up of all colors, races and creeds, living and working together in considerable harmony.*«

Wann hat sich ein deutscher Politiker zuletzt bei der Feuerwehr bedankt? Joe Biden, der Vizepräsidentschaftskandidat der Demokraten, tut dies in jeder Rede, und manchmal mehrfach. Die Ursachen seiner Dankbarkeit – die Feuerwehr half ihm in zwei kritischen Lebenslagen – sind bekannt, und doch liegen die wahren Gründe tiefer. Biden, der einst spottete, bei Rudy Giuliani bestünde jeder Satz aus Hauptwort, Verb und 9/11, hat ein feines Gespür für das, was den Menschen fehlt. Seit dem 11. September stehen die *fire fighters* für Gemeinsinn und Solidarität, für das Dasein und Eintreten für den Anderen, für die Dimension der *mutual responsibility* neben der der *individual responsibility*. Es entsteht der Eindruck, als sei die Grundformel amerikanischer Tugend »Jeder ist für sich selbst verantwortlich« im Erleben vieler Menschen verkürzt und verkehrt worden in ein »Jeder ist für sich« oder gar »Jeder für sich«. Ein paar Tage später wird Barack Obama in seiner *acceptance speech* den Gegensatz auf die Spitze treiben. Die von den Republikanern propagierte *ownership society*, in der Eigentum und Selbstverantwortung die Grundlage bilden, bedeute in der Praxis: *You're on your own.*

Sich gut zu ernähren ist eine Tugend, sich schlecht zu ernähren fast eine Kunst in Loudon County. Bei *Panera*, einer Imbisskette mit Anspruch, gibt es *all natural, antibiotic-free chicken, potato chips cooked with 100 percent sunflower oil* und, wenn man will, *honest tea*. Bei *Harris Teeter*, einer Supermarktkette, ist alles Gemüse *locally grown*, und ein großes Schild verkündet, dass man hier *six or fewer hours from the farm* sei. Bei *Starbucks* gibt es Fruchtsäfte der Marke *Naked*. Der erstaunliche Name ist von der »nackten Wahrheit«, *the naked truth*, abgeleitet, deren man bedürfe, »wenn es um Saft geht«. *Nutrition facts* von der Länge eines mittleren Beipackzettels schaffen Beruhigung. Immerhin sind die Kombination aus Apfel, Kiwi, Banane, Mango und Ananas und die tiefgrüne Farbe neu für mich.

Wer das seelisch Erhebende sucht, muss keine Kirchen besuchen oder die Radiosender der *ministries* einschalten. Der Verzehr eines Bechers Joghurt genügt. *Stonyfield Farm. Organic. Fat free. No artificial sweeteners* verkündet die Vorderseite des Bechers unter dem Bild einer lachenden Kuh. Daneben wieder eine dicht gepackte Rubrik von *nutrition facts*, der ich unter Aufbietung all meiner Sehkraft entnehme, dass der Anteil an gesättigten Fettsäuren, Transfetten und Cholesterin jeweils 0 Prozent beträgt, der von Vitamin A, Vitamin C und Eisen ebenfalls. Daneben erklärt jemand mit unleserlicher Unterschrift, die Firma habe sich seit jeher um die »Gesundheit des Planeten« gekümmert und als erstes amerikanisches Unternehmen bereits 1997 den CO_2-Ausstoß des Herstellungsprozesses neutralisiert. Darunter liest man, gelb unterlegt, die *organic guarantee*: »Hergestellt ohne

Antibiotika, synthetisch gewonnene Hormone und giftige Pestizide«. Reicht das? Keineswegs. Ein Joghurtbecher hat auch noch einen Deckel und auf dem sehe ich eine Sanduhr mit der Zahl täglicher Todesfälle und der Aufforderung, endlich etwas gegen den Krebs zu tun. Wie macht man das? Man schickt einen virtuellen Stern in den Himmel für jemanden, der an Krebs erkrankt ist. Einzelheiten unter *stonyfield.com.*

Ich werde das Gefühl nicht los, dass die Jungs von *Stonyfield* ein ganz schlechtes Gewissen haben. Vielleicht deshalb, weil ihr Produkt so lausig schmeckt.

Es mutet anfangs wie ein Scherz an, aber Warren Buffet hat davon gesprochen und in der Zeitung steht's auch: Es gibt einen Kinofilm zum Thema Staatsverschuldung, und sein Titel lautet *I.O.U.S.A.* Ein *I.O.U.* (eigentlich *I owe you*) ist ein Schuldschein, und das witzige *I.O.U.S.A* versucht, Amerika als »Schuldenstaat« zu definieren wie einst das geheimnisvolle *A.E.I.O.U.* die Großmacht Österreich. Was zu sehen ist, ist alles andere als witzig. Zwei ehrenhafte, etwas kauzige Streiter, David Walker, ein ehemaliger »Staatskontrolleur« und Robert Bixby, der Chef der privaten *Concord Coalition*, ziehen von Termin zu Termin und künden mit Schaubildern und Zahlenreihen vom Nahen der Katastrophe, sollte nicht bald die allgemeine Überschuldung bekämpft werden. Auch wenn die Argumente stark und die Zahlen unabweislich sind, auch wenn sie im Auto unterwegs sind und nicht auf Rosinante, auch wenn ehemalige Finanzminister und Warren Buffet und Henry Kissinger ihre warnenden Worte beisteuern, haftet dem Unternehmen doch ein Hauch von Vergeblichkeit an. Außer mir und meinen beiden Freunden wollen noch sechs weitere Besucher den filmischen Warnruf hören. Ein im Film befragter Passant schätzt die Staatsverschuldung auf eine Million Dollar.

Gegen Ende werden die vier Defizite, die bisher unterschieden wurden, um ein fünftes, nicht quantifizierbares ergänzt. Zum Haushaltsdefizit des laufenden Jahres, zur Gesamtschuld der USA, zum riesigen Außenhandelsdefizit und zum *savings gap*, der fehlenden Sparrate, tritt das *leadership gap*, das Fehlen politischer Führung.

George W. Bush erhält einen Ehrenplatz in der langen Kette fiskalischer Frevler. Immerhin traut sich sein Finanzminister Henry Paulson persönlich vor die Kamera und bestätigt Wochen vor dem großen Crash einen Grundsatz, der auch für die Gesamtwirtschaft gelte: *There's no free lunch.*

Die Hoffnung, dass es doch ein *free lunch* geben könne, hält die Glückspielindustrie am Leben. Ich selbst habe das Spiel immer als Korrektiv zum Hang des Menschen begriffen, sein Dasein für berechenbar zu halten, und aus dieser Optik Fortuna gelegentlich ein paar streng abgezählte Münzen dargebracht. Es mag wohl fünfzehn Jahre her sein, dass ich zuletzt in Atlantic City war, der zweiten großen Spielerstadt Amerikas, und dass ich mich auf der Hinfahrt von der ländlichen Idylle des *Garden State* New Jersey bezaubern ließ. Während ich die Landschaft wenig verändert finde, streckt mir die Stadt im rötlichen Abendlicht eine gewaltig erweiterte Skyline entgegen. Dem riesigen Parkhaus entronnen und im berühmten *Ceasar's Palace* angekommen, steht mir der Sinn nach Stärkung. Ein italienisch klingender Restaurantname lockt mich ein paar Rolltreppen nach oben und völlig unvermittelt stehe ich vor einem exquisiten Buffet. Weder Preise noch eine Kasse sind zu sehen, aber am Ausgang, da bin ich mir sicher, wird mich Henry Paulsons Wahlspruch schon einholen. Dass sich der Kellner, der mir den Kaffee bringt, nicht mit Namen als mein *server* vorstellt, hätte mir auffallen müssen, aber das Spielerlatein meiner drei Nachbarn, deren Körpermaße mir ebenso monströs erscheinen wie ihre Gewinnsummen, hält mich gefangen.

Am Ausgang erwartet mich statt der Kasse eine schlichte Glastür und erst beim Zurückschauen auf der Rolltreppe fällt mir das kleine Wörtchen »Club« neben dem Restaurantnamen auf. Nach kurzem Zögern beschließe ich, Fortuna nicht ins Rad zu fallen und das Geschenk anzunehmen. Gelegenheit, meinen Dank abzustatten, bieten die Spieltische genug, denke ich mir, aber die launische Göttin will nicht und so trete ich schon bald mit einem kleinen Gewinn die Rückfahrt nach Virginia an.

Drei Stunden Autofahrt bieten reichlich Gelegenheit, Radio zu hören und die Eigenart der amerikanischen Rundfunklandschaft zu erfassen. Kleine und kleinste Interessengruppen lokaler, politischer, weltanschaulicher und religiöser Natur plärren ihre teils abstrusen Ansichten in den Äther. *Talk radio* nennt man das. *Jazz and Justice* heißt ein Lokalsender linker Provenienz, der die Klagen selbsternannter Opfer bündelt und anheizt. Was der Jazz an Leichtigkeit und Entspannung bringt, geht im politischen Vitriol der Texte rasch verloren. Anlass der heutigen Empörung ist die Nominierung Sarah Palins zur Vizepräsidentschaftskandidatin der Republikaner. Wie könne man annehmen, zürnt ein Anrufer, enttäuschte Hillary-Wähler würden auf den Trick hereinfallen und nur des Geschlechts wegen die falsche Partei wählen? Alles, was von republikanischer Seite kommt, ist bei *Jazz* nicht nur bedenklich und kritikwürdig sondern schlichtweg und kategorisch »kriminell«.

Die rechte Radioszene steht dem Gesagten in nichts nach. *Talkshow hosts* wie Rush Limbaugh und Bill O'Reilly sind mit ihren Hasstiraden zu nationalen Größen und Einflussfaktoren im republikanischen Wahlkampf avanciert. Mein heutiger Sendersuchlauf findet anstelle der beiden die Bibelstunde einer unbekannten »Kirche«. Ob es denn mit der Schrift vereinbar sei, fragt ein besorgter Hörer mit Blick auf Sarah Palin, dass eine Frau ein hohes Regierungsamt ausübe? »Durchaus«, entgegnet der *host* und hat die Bibelstelle aus dem Kopf parat. »Denken Sie an die Königin von Saba.«

Jeder Versuch, das grassierende Lagerdenken zu überwinden, freut mich und weckt mein Interesse, auch wenn sich der Buchtitel zu Anfang etwas seltsam anhört: *Why We Hate Us*[45] nennt Dick Meyer sein Werk und nur der erste Satz klingt nach der üblichen, selbstgerechten »Systemkritik«: »Es ist etwas faul im Staate Amerika.« Dann aber nimmt er uns mit, als Betroffener, Staatsbürger, Vater, Journalist und Mitschuldiger, in die Geisterbahn alltäglicher Geschmack-

---

[45] Dick Meyer, *Why we Hate Us. American Discontent in the New Millennium*, New York 2008.

losigkeiten, Grobheiten, Scheinwahrheiten und Betrügereien, die wir selbst meist nicht ausstehen können und doch, überwiegend, tolerieren. Die Reise beginnt bei einem jungen Mann, der an der Kaffeebar seine Nägel schneidet und einer Kosmetikmarke namens S.L.U.T., führt über die *phony polarization* inszenierter, verleumderischer Politik und endet beim Starkult dopender Sportler und millionenschweren Buchverträgen für straffällige *demi-celebrities*. Für Meyer sind »wir (…) moralisch und existenziell erschöpft, desorientiert und defensiv«, was dazu führt, dass »Standpunkte« aufeinanderprallen und »Zugehörigkeiten« überbetont werden.

Zur Frage, wie es dazu kam, hat Meyer eher interessante Ideen anzubieten als ausgefeilte Theorien. »Sozialen Wandel« macht er als Ursache aus, vor allem jenen, der in den Sechzigerjahren begann, gemeinsam mit unbeabsichtigten Folgen jüngster technologischer Revolutionen. Offensichtlich war es leichter, Konventionen und Traditionen abzuschaffen als Gleichwertiges, Tragfähiges an ihre Stelle zu setzen. »Die Rezepte der Selbstfindung und Do-it-yourself-Spiritualität (…) funktionieren nicht.« Dies sei nicht als Vorwurf gedacht oder als Beschönigung der Vergangenheit, sondern als Aufforderung, sich über »Gewinn und Verlust« des Wandels Rechenschaft abzulegen. Darin, dass vor allem die räumliche Zerstreuung der Familien für die Vernichtung von so viel *social capital* verantwortlich sei, muss man Meyer nicht unbedingt folgen. Ansonsten aber trifft er das eigene Erleben so genau, dass man am liebsten selbst ein paar Beispiele anfügen möchte zum tragikkomischen Kompendium aus *selfism, phoniness, consumerism* und *loss of manners*. Und dass man beim Lesen fast automatisch prüft, ob man sich nicht auch selbst manchmal verführen lässt, anstatt das eigene Leben zu »führen«.

Dies wäre kein amerikanisches Buch, wenn es nicht auch nach Auswegen fragen und dort ansetzen würde, wo der Hebel für Veränderung liegt: bei uns selbst. »*In the end, we only control ourselves.*« Meyer empfiehlt das Eingehen langfristiger, tragfähiger Bindungen und die Bildung von Charakter, die Entwicklung eines *guiding moral temperament*. Man kann zu den eigenen Überzeugungen stehen, ohne diese absolut zu setzen, sagt sein Lehrer Isaiah Berlin und nennt dies *value pluralism*. Der Wert eines Glaubens oder Ideals muss sich daran messen lassen, ob er die Werthaltung anderer respektiert und ob er das Alltagsleben spürbar verbessert. Ein Mittleres ist damit anvisiert zwischen »vergifteter Orthodoxie« und gleichgültigem, pseudo-liberalem Relativismus. Der Weg ist steinig, sagt Meyer, und doch kann er mit unscheinbaren Schritten jederzeit begonnen werden: mit der Betätigung des Aus-Knopfes an elektronischen Geräten etwa oder der »wohlüberlegten Wahl, wo man zu Mittag isst.«

Das Ende des Sommers, der Wiederbeginn von Schule und Alltag wird in Amerika vom *Labor Day* markiert, dem ersten Montag im September. Traditionell wird das *Labor Day weekend* für Kurzreisen und Ausflüge genutzt, für den Versuch, noch ein paar Sonnenstrahlen oder Meereswellen einzufangen, wenn denn ein *ocean* in der Nähe ist.

Von Washington sind es knappe drei Fahrstunden zum Atlantik, normalerweise, wenn die *bridge* nicht blockiert ist. Die Chesapeake Bay Bridge ist ein berüchtigtes Nadelöhr und in diesem Jahr durch Bauarbeiten zusätzlich verengt. Seit Tagen warnen aufgeregte Medien vor dem Megastau. »Wir fahren ja nicht am Hauptreisetag«, beruhigen mich meine amerikanischen Freunde Sophie und Karl, und außerdem: »*We'll call the bridge.*« Ich blicke wohl etwas perplex. Sophie zückt wortlos ihr Telefon, wählt eine Nummer und drückt den Lautsprecherknopf. »*Here's the bridge*«, flötet eine freundliche Frauenstimme und nennt die Uhrzeit. »*At this time*« seien keine Verzögerungen von der Brücke zu melden. Beruhigt steigen wir ins Auto, grüßen von unterwegs noch dreimal die *bridge* und gelangen ungehindert an die Atlantikküste Delawares.

Ein Himmel wie aus dem Reiseprospekt wölbt sich über das Küstenstädtchen Lewes mit seinen bunt bemalten Holzhäusern und blumenbehangenen Balkonen. Farben und Kontraste sind klar und die milde Luft erfüllt vom Kreischen der Möwen und vom leisen Brummen der Schiffsmotoren. Nach einem Rundgang suchen wir den Strand und finden am Zugang zwischen zwei Dünen ein Zeichen der neuen Zeit: Müllbeutel werden ausgegeben und tatsächlich präsentiert sich der Sand in einem Zustand nie gekannter Makellosigkeit. Wer noch kein gutes Gewissen hat, dem versichert ein hin und her fliegendes Werbeflugzeug: *Jesus saves*. Am Abend folgen wir der sinkenden Sonne mit leicht wehmütigen Blicken. Sophie erzählt vom Arbeitsalltag in ihrem amerikanischen Großkonzern und davon, dass nächste Woche *diversity week* sei. Vom Unverständnis meines Blickes überrascht berichtet sie, dass dabei die kulturelle Vielfalt der Mitarbeiter durch Aktionen wechselseitigen Kennenlernens »gefeiert« (*celebrated*) würde. Etwa dadurch, dass Kollegen aus Indien oder dem Irak Süßspeisen ihrer fernen Heimatländer mitbrächten. Sie kann das organisierte Getue nicht leiden und nennt die Woche *diversion week*, eine Woche der Ablenkung. Ihre eigenen Eltern sind nach dem Zweiten Weltkrieg aus Polen zugewandert, und *Polish Americans* fühlen sich heute *as American as apple pie*. Bei den irakischen Amerikanern wird dies noch ein wenig dauern.

Auch auf der Rückfahrt macht *the bridge* zum allgemeinen Erstaunen keine Probleme. Statistiken werden später berichten, das *Labor Day weekend* und die ganze *driving season* 2008 seien die *slowest* seit Menschengedenken gewesen. Das Unerwartete geschieht: Amerika muss sparen, Amerika spart – *for a change*.

Januar 2009

Von Bürgern und Burgern

Eine grüne Woche in Maryland

So vertraut und doch so fremd! Eine Gruppe französischer Intellektueller am Nebentisch des Flughafenrestaurants, zwei Frauen und ein Mann, verbreiten wort- und gebärdenreich ihr Lebensgefühl: Party und Protest. Künstler bekämen generell nicht genug zu essen, ruft die eine, während die andere Ideen zu einer Ausstellung über die neue Stärke der Frau ausspinnt. Vielleicht in einer mittelalterlichen Kirche? Tonfall und Gestus lassen Erinnerungen aus französischen Studententagen in mir aufsteigen und ein warmes Gefühl von Vertrautheit erfüllt mich. Gleichzeitig stößt mich etwas zurück und versöhnt mich mit der Wahl eines grundsätzlich anderen Lebensweges. Kann es sein, dass etwas so Einfaches hierfür den Ausschlag gab wie der Beschluss, mich um mein Essen selbst zu kümmern?

Dass die Welt des Geistes und die des Geldes zwei verschiedene Welten seien, war immer nur insofern wahr, als es brotlose Künstler und geistlose Geldbesitzer gibt. Der Gegensatz ist uns aber so geläufig, dass wir selbst Großstädte nach dem Zweierschema zu zerteilen suchen. In Paris schwingt sogar ein politischer Unterton mit, wenn der »Geist« sich am linken Seineufer (Rive Gauche) versammelt, im alten Universitätsviertel (Quartier Latin), im »intellektuellen« Saint-Germain-des-Prés und im künstlerisch-unangepassten Montparnasse. Und sich Luxushotels und berühmte Einkaufstempel am rechten Ufer (Rive Droite) gruppieren, gemeinsam mit dem teuren 16. Arrondissement und den Edelboutiquen der Rue du Faubourg Saint-Honoré. Die Einteilung ist natürlich sehr grob, Montmartre fällt aus dem Rahmen, und um in Saint Germain zu wohnen muss man schon recht erfolgreich denken.

Auch Manhattan wird von meinem Reiseführer in zwei Teile und Stile geteilt: in die gediegen-wohlhabende *uptown* mit den Wohnvierteln um den Central Park und die quirlig-kreative *downtown* oder Lower Manhattan, mit Greenwich Village, East Village und Lower East Side. Freilich sind auch im *village* die Ateliers unerschwinglich, und das finanzielle Herz der Welt, die Wall Street, schlägt im unteren Teil Manhattans.

Eindeutig zur *uptown* gehört das *Plaza Hotel* am Central Park, an das ich wohlige Erinnerungen an einen überreichlichen *five o'clock tea*, umrahmt von würdigen, älteren Streichern, in mir trage. Wohl wissend, dass die oberen Etagen kürzlich in Apartments umgewandelt wurden, hoffe ich dennoch, meiner Partnerin ein gleichwertiges Erlebnis bieten zu können. Wir werden enttäuscht, der *tearoom* liegt im Dunklen, dafür aber erwartet uns im prunkvollen Foyer ein Schauspiel mit ähnlich starken Bildern: Ein Künstler tritt ein und auf, groß, um die fünfzig, mit schwarzem Pferdeschwanz und bunten Kleidern. Ein Rockstar, glaube ich, nur fällt mir gerade der Name nicht ein.

Hinter ihm zerrt ein Hausknecht einen Wagen mit mindestens zwölf verschiedenen *Louis-Vuitton*-Koffern. Neben ihm huscht mit leicht gequälter Miene der Empfangschef und fragt wiederholt nach dem Namen des Gastes. Endlich erhält er eine Antwort: »*My name is David*«, sagt der Neuankömmling, und weil die Frage nicht aus dem Gesicht des Mannes weichen will, wiederholt er genervt und mit Nachdruck: »*David.*« Mir scheint, der Concierge ist noch nicht alt genug, um zu begreifen, dass man sich im oppositionellen Milieu der *counterculture* nur mit Vornamen anspricht.

Abends steht uns der Sinn nach Vergnügen, nach Leichtigkeit und Musik, und das *village* hat da einiges zu bieten. Spontan entscheiden wir uns für den berühmten Jazzclub *Blue Note*. Wir hätten wohl eher planen und reservieren sollen, denn ein raues Regiment ruppiger Türsteher lässt nur die Angemeldeten unter einem Vordach warten, während die anderen buchstäblich im Regen stehen. »*No, thank you*«, sagen die Spontis und ziehen ein paar Straßen weiter, wo ein echtes Fundstück ihren Freiheitssinn belohnt: das *Terra Blues* in der Bleecker Street – unaufdringlich, relaxed, bezahlbar – bietet Bluesmusik vom Feinsten – ein Geheimtipp!

Für den zweiten Teil meiner Reise besteige ich allein den hochmodernen *Acela Express*, um neue Freunde im Großraum Washington zu besuchen. Union Station, Washingtons spektakulären Bahnhof, erreiche ich in guten zwei Stunden, das Ziel meiner Reise hingegen noch lange nicht. »Großraum« muss man ganz wörtlich nehmen bei amerikanischen Großstädten, und dass die Amerikaner eher »um« ihre Städte wohnen als »in« ihnen, ist bekannt. Neuerdings wird darüber sogar eine ökologische Debatte geführt. Weniger bekannt ist die Vielgestaltigkeit von Washingtons Umgebung und noch weniger die kuriosen Selbst- und Feindbilder, zu denen historische und geografische Unterschiede offensichtlich verleiten.

Washington D.C. ist ein Unikum, ein politisch gewolltes und geometrisch geplantes Kunstgebilde, das man sich wie ein auf der Spitze stehendes Viereck vorstellen kann. Repräsentativ sollte die neue Hauptstadt sein und politisch machtlos, ein *district* nur, kein Staat, denn ein Staat mit der Hauptstadt hätte die anderen Staaten dominieren können. Die Ergebnisse dieses gründerzeitlichen Freiheitsstrebens sind kurios: Die Bewohner Washingtons dürfen Steuern zahlen, aber keine Abgeordneten in den Kongress entsenden. Wütend haben deshalb einige einen alten Kampfruf modifiziert und »*Taxation without Representation*« auf die Nummernschilder ihrer Autos geschrieben.

Quer durch die Stadt und die Region fließt der Potomac, von links oben auf der Karte nach rechts unten, und wer oberhalb des Flusses wohnt, nördlich und östlich des *districts*, ist in Maryland zu Hause, und wer unterhalb lebt, südlich und westlich der Stadt, ist aus Virginia.

Dort, im Westen, wo das Gelände offen ist und die Sicht weit reicht zum Flughafen Dulles und zu den Blue Ridge Mountains hin, spiegeln sich Sonne und Wolken in den Glasfassaden der vielen Bürogebäude. Wir sind im *tech corridor*, in Northern Virginia, in Loudon County und Fairfax County, und in dieser Boomregion scheint selbst der Abschwung die Bauwut kaum zu bremsen.

Auf der anderen Seite des Flusses in Maryland blüht die Wirtschaft ebenfalls, die Weltraumforschung etwa oder die Biotechnologie um Rockville, aber die Wirtschaftszentren scheinen eher eingebettet in Wälder, Täler und Felder, und ein ländlicher Grundton lebt fort. Im Osten, zur Chesapeake Bay hin, kann man noch stille Buchten und wild verzweigte Wasserwege finden.

Was aber – *for heaven's sake* – haben diese Unterschiede zu *bedeuten*?

»*Marylanders are cold*«, hat mein Freund Charlie schon vor Jahren gesagt und meine rationalen Einwände schlicht beiseitegeschoben. Sein Haus liegt in Virginia ganze zwei Meilen vom Grenzfluss Potomac entfernt, und auch Menschen, die er schätzt, wohnen »drüben«. Vielleicht, habe ich mir gedacht, lebt hier mit ein Nachhall des Bürgerkrieges fort. Charlie hat sich stets als *southerner* verstanden, und Virginia stand an der Spitze der Rebellion, während Maryland, wiewohl auch Sklavenstaat, bei der Union blieb. Noch heute reklamiert der Südstaatler Freundlichkeit und menschliche Wärme mit der gleichen Selbstverständlichkeit für sich, wie der Russe seine »Seele« dem kühl kalkulierenden Westen entgegenhält.

Sophie, eine langjährige Freundin, sieht die Sache genau anders herum. Für sie ist Maryland gediegener, kultivierter, mehr der englischen Art verpflichtet, und das neureiche Virginia von all dem das Gegenteil. Meine Vorliebe für Virginia hat sie stets milde belächelt und der Lust des Unternehmers an wirtschaftlicher Dynamik zugeschrieben.

Meine neuen Freunde in Maryland, JoAnn und David, sind alles andere als *cold*. Ihre Wärme und natürliche Großzügigkeit lassen mich sogar eine alte Gewohnheit durchbrechen und als Hausgast für ein paar Tage bei ihnen einziehen. Schnell wird mir klar, dass ich nicht der einzige Empfänger ihrer Freundlichkeit bin: Ein dichtes Netz der Anteilnahme und Unterstützung umspannt die Hügel von Dunkirk, MD. Einer gebrechlichen Frau gilt es einzukaufen, einer anderen, die verreist, den Hund in Pension zu nehmen. Nach ein paar Tagen habe ich vieles, Gutes wie Schlechtes, über die Nachbarn erfahren, und die weit verstreuten Häuser füllen sich mit Bildern gelebter Individualitäten. Als die Sprache auf Virginia kommt, glaube ich, eine gewisse Zurückhaltung zu spüren, gepaart mit ein wenig Bewunderung, so als sei das »Neueste« und »Beste« am Ende doch nicht ganz geheuer. Ein Ausflug *into Virginia* wird nur unter der Bedingung akzeptiert, dass ich selbst das Steuer übernehme, und meine amerikanische »Reifeprüfung« habe ich endgültig bestanden, als wir das Ziel ohne Irrfahrt und Umweg erreichen. Ein elegantes Apartmenthaus in Reston, VA, das wir besuchen, erscheint JoAnn als »typisch für Virginia«.

Innerhalb der »Staaten« (*states*) führen die »Landkreise« (*counties*) ein selbstbewusstes Eigenleben. Sie tun dies nicht zuletzt dank des Wirkens jener reizenden älteren Damen, die ohne jeden Lohn die örtlichen *tourist information centers* beseelen. Ich wusste, dass mich Gutes erwartet, aber der Empfang im *Calvert County Tourist Information Center* macht mich dann doch sprachlos. Die Ladys geben sich gar keine Mühe, ihr Entzücken über mein Erscheinen zu verbergen. Ich solle doch bitte, unbedingt, die selbst gemachte Erdbeertorte probieren! Im Nu bin ich mit Landkarten, Broschüren und kleinen Geschenken überhäuft. Als ich meine Herkunft aus dem fernen Deutschland offenbare, wird das Gästebuch gebracht, in dem ich mich doch bitte eintragen möge. Was Calvert County zu bieten hat, die neuen *vineries*, die ich besuchen solle, die *nature trails*, die ich durchwandern möge, das *Calvert Cliffs Nuclear Power Plant* und vieles mehr wird mir in blumigen Worten nahe gebracht. Einen Moment lang fürchte ich, nun auch die menschlichen Vorzüge der Calvert-Bewohner gegenüber jenen des benachbarten St. Mary's County präsentiert zu bekommen. Dies unterbleibt dann aber doch, und so empfinde ich beim Abschied nur ein einziges Bedauern: dass ich nicht den Mut hatte, den *Calvert mug*, die Werbetasse, aus Umweltgründen zurückzulassen.

Überhaupt die Umwelt! *NPR (National Public Radio)* hat den Gouverneur von Maryland, Martin O'Malley, eingeladen, einen Demokraten und Unterstützer Barack Obamas. Themen der Zuhörerfragen sind Arbeitsplätze, innere Sicherheit und immer und immer wieder die Umwelt. Ihre verzweigten Flussmündungen und langen Küsten machen *the environment* zum Topthema entlang der Chesapeake Bay. Der Gouverneur gefällt mir, er schwafelt nicht, sondern gibt zu, wenn er etwas nicht weiß, nennt Namen und E-Mail-Adressen der besser informierten Stellen. Wiederholt verwendet er das schöne Wort *stewardship* für das Verhältnis des Menschen zu Natur und Umwelt. Ich suche nach einer Übersetzung und finde kein einzelnes Wort, sondern nur das Sinnbild behutsamen Steuerns, schützender, wohlwollender Zuständigkeit. Gefragt, wie sich die Wasserqualität der Bay weiter verbessern lasse, macht O'Malley einen Vorschlag, dessen Radikalität sich außerhalb Amerikas kaum ermessen lässt: Die Leute sollten aufhören, ihren Rasen zu düngen.

Nördlich an Calvert schließt sich Prince George's County an, und im dortigen Bowie finde ich bestätigt, was mir das Internet schon verraten hatte: Prince George's ist »*the wealthiest county with an African-American majority*«, bewohnt von jenen, die es »geschafft« haben, die den »Problemvierteln« Washingtons entronnen und einfach nur ein paar Meilen nach Osten gezogen sind. So, als solle der Bildungsanspruch dieser Schicht unterstrichen werden, liegen in Bowie die Buchketten *Borders* und *Barnes & Noble* fast in Sichtweite zueinander. Bei *Borders* ist der Service aufgeweckt und kompetent, und das schwarze Verkaufsteam agiert, als sei das Motto »Exzellenz« ausgegeben worden. Der Lerneifer der Kunden ist ebenso beeindruckend wie die Selbstsicherheit, mit der mich etwa eine schwarze Studentin anlächelt und im Vorbeigehen den Buchtitel in meiner Hand kommentiert. Später, als ich das Buch gelesen habe, bleiben die Umstände seines Erwerbs Teil der Gesamterfahrung.

Susan Jacoby nämlich zeichnet in *The Age of American Unreason*[46] ein düsteres Bild des amerikanischen Geisteslebens. Der tief verwurzelte amerikanische Antiintellektualismus werde durch den Dauerkonsum neuer Medien noch verstärkt, die resultierende *tide of ignorance* gefährde die Orientierung des Landes an der Wirklichkeit. Tatsächlich erschrickt man über die präsentierte Flut an Unfug und Borniertheit, vom Missbrauch des Darwinismus im 19. Jahrhundert bis zu seiner teilweisen Unterdrückung heute, von der antikommunistischen Hexenjagd der fünfziger Jahre bis zu den verheerenden Wirkungen von *junk thought* in den politischen Grabenkämpfen unserer Zeit. Aus Jacobys areligiös-szientistischer Perspektive lassen sich Aberglauben, Leichtgläubigkeit und Dogmatismus besonders gut aufspießen, und manchmal möchte man einstimmen in das Klagelied über die allgegenwärtige *culture of distraction*.

Allerdings irritiert die Durchgängigkeit des Negativen, und der leicht beleidigte Grundton wirkt störend. Noch bevor sie ihn erwähnt und scharf kritisiert, muss ich an Allan Blooms *The Closing of the American Mind*[47] denken, eine ähnlich umfassende Zeitkritik, die vor über zwanzig Jahren erschien. Auch damals war der Aufruf zu kritischem Denken wertvoll im Sumpfklima ungeprüfter Meinungen, und auch damals konnte mich der Versuch nicht überzeugen, aus der Fülle richtig beobachteter Phänomene die Signatur eines Zeitalters abzulesen. Wer derartige Diagnosen stellt, schweigt meist über den zu erwartenden Krankheitsverlauf, und Thesen geistiger Verschließung werden stets mit einer Unbekannten formuliert, die uns jederzeit und überall überraschen kann: wie das Strahlen zweier intelligenter Mädchenaugen im *Borders* von Bowie, Maryland.

Ob eine Gesellschaft die von Jacoby zitierte *capacity for self-correction* besitzt, zeigt sich im Alltag der Menschen, und, was das betrifft, ist meine Reise reich an Hoffnungszeichen. Es mag ja sein,

---

[46] Susan Jacoby, *The Age of American Unreason*, New York 2008.
[47] Allan Bloom, *The Closing of the American Mind*, New York 1987 (*Der Niedergang des amerikanischen Geistes. Ein Plädoyer für die Erneuerung der westlichen Kultur*, Hamburg 1988).

dass ich in JoAnn eine »Künstlerin am Herd« getroffen habe, aber die Grundsätze, nach denen sie kocht und lebt, sind weiter verbreitet, als unser Amerikabild es zulässt: kein Fastfood, möglichst keine vorgefertigten Lebensmittel, dafür die besten und frischesten Zutaten aus der Umgebung.

Um an die zu gelangen, kommt uns an einem strahlenden Maitag der Zufall zu Hilfe. Wir sind in Annapolis, der Hauptstadt von Maryland, und besichtigen das neue *Towne Centre*. (Mit der britisch-antikisierenden Schreibweise verbindet der Amerikaner Stil und Qualität vergangener Tage.) Vor nur wenigen Tagen ist hier ein neuer *Whole Foods Market* eröffnet worden, und was Zeitungen, auch die Börsenzeitung, an Positivem geschrieben hatten über diese Tempel des *health food*, wird von der Wirklichkeit noch weit übertroffen. Nirgends auf der Welt sind mir Lebensmittel in solcher Fülle, Frische und Vielfalt angeboten worden, nie haben Präsentation und Bedienung das Einkaufen in solchem Maß zum Erlebnis gemacht. Bei leicht gedämpftem Licht und von Wasserrauschen untermalt, umrahmt von Grün und auf Nischen und Einzelstände verteilt, werden die Köstlichkeiten, samt *ethnic ingredients*, dargeboten und erklärt. Wer es genau wissen will, kann einen *registered nutritionist* konsultieren. Eier gibt es nur einzeln und jedes einzelne trägt – zur Beruhigung des Kunden – eine Identifikationsnummer.

Höhepunkt der Veranstaltung ist die Fischabteilung, eine Art *Sea World* des Essbaren, in der ich sprachlos die teils unbekannten Schätze der nahen *bay* bestaune. JoAnn ergreift die Gelegenheit und kauft Austern und *squid*, eine Art Tintenfisch, für unser Abendessen. Von David fachgerecht zubereitet, genießen wir Stunden später auf der sommerlich warmen Terrasse *fried oysters, fried squid* und Salat. Dazu werden zum wiederholten Male Weine von einer Qualität und Preisklasse geöffnet, die mich in Verlegenheit bringen müssten, wenn ich nicht die Aussicht hätte, mich bei einem geplanten Gegenbesuch in München zu revanchieren. Zum Nachtisch gibt es *marshmallows*, berühmt in Amerika und doch neu für mich, eine Art flauschiges Konfekt, das im Feuer leicht geröstet wird.

Für einen Ausflug ins ferne Virginia werde ich von JoAnn mit einem Lunchpaket gewappnet, dessen Inhalt, ein selbst gemachter Hamburger, alle käuflichen Namensvettern beschämt. Um das Neue nicht zu übertreiben, verzehre ich ihn auf dem Parkplatz eines *Burger King*, den ich in Centreville, Virginia, kenne. Schließlich gehe ich dann doch hinein, so als wolle ich die alte Treue noch nicht ganz aufkündigen. Sie habe keinen Kaffee, sagt die freundliche Bedienung, zu meinem Erstaunen, in kehligem *Spanglish,* und erst als sich unsere enttäuschten Blicke begegnen, besinnt sie sich eines Besseren. Sie könne mir, flüstert sie, auch den Personalkaffee anbieten, und noch bevor ich reagieren kann, eilt sie nach hinten und kommt zurück mit Kaffee, Milch und Zucker. Als ich bezahlen will, schüttelt sie nur den Kopf und lächelt. *Gracias.* Ist das Fenster der Freundlichkeiten einmal geöffnet, denke ich im Rückblick auf die Reise, werden offenbar weitere wie durch den Luftzug mit hereingeweht.

Am Samstag kommen Gäste zu Besuch, zwei Paare aus der Nachbarschaft, und bringen das Fleisch, das David grillt, gleich mit. Von JoAnns eigenen Kreationen umrahmt, stehen die Leckerbissen, der Landessitte entsprechend, schon bald in der Küche zur freien Bedienung bereit. Eine andere ungeschriebene Regel scheint zu verlangen, dass Männer und Frauen sich allmählich separieren und dass die Männer über Politik reden. Einer der Gäste ist Tierarzt und gibt sich als Republikaner zu erkennen. Er beklagt die ungehemmte Staatsverschuldung und erntet Widerspruch vom Hausherrn David. Vom anderen Gast, einem feingliedrigen Herrn um die sechzig, erfahren wir nur, dass sein jährlicher dreimonatiger Deutschlandaufenthalt bevorsteht. Gefragt nach dem Zweck dieser Reise, spricht er von *business* und ich höre ihn sagen: »*none of your business.*« Frühere Washington-Erfahrungen legen mir nahe, hier nicht zu insistieren, schließlich befinden wir uns im Zentrum des Schattenreichs der Geheimdienste. Interessanterweise äußert unser Schlapphut, ein früherer »Diplomat«, die schärfste Kritik an der amerikanischen Politik der letzten acht Jahre.

Nach dem Essen spielen wir Karten, ausgelassen und vom guten Wein beschwingt. Ich lerne ein amerikanisches Kartenspiel namens

»99« und erliege dem deutschen Hang, eigenes Kulturgut zu verbreiten. Die Stunde ist schon weit vorgerückt, und die Runde spielt, mit typisch amerikanischer Begeisterung, Mau-Mau.

Als ob man beweisen müsste, dass nicht alle Amerikaner auf *green cuisine* umgestiegen sind, laden mich Sophie und Karl zu *Cheeburger-Cheeburger* ein.

Das Einzige, was bei dieser auf Cheeseburger spezialisierten Kette verkürzt ist, ist der Name (einen Filmgag aufgreifend), alles andere folgt dem breit plakatierten Motto *BIG IS BETTER*. Ein weiterer Grundsatz – *Invent your own burger* – sichert den Zug ins Gigantische. Hat man sich für die Größe des Burgers und eine der sechs Käsesorten entschieden, stehen weitere achtundzwanzig (!) Auflagen (*toppings*) zur Verfügung – nicht etwa nur wahlweise, sondern, wenn man so will, auch *en bloc*. Die Aussicht auf »mehr«, ohne mehr zu bezahlen, ist ein Quell nimmer endender Freude. Wer einen *pounder* verdrückt (450 Gramm reine Fleischeinwaage), wird abgelichtet und auf der örtlichen *Wall of Fame* ausgestellt. Die Auszeichnung ist begehrt, und so mancher hier macht den Eindruck, als habe er den Pfad des Ruhms schon oft beschritten.

Wahrscheinlich wundern sich die überwiegend jungen, am Handy telefonierenden Gäste über das Dekor aus den fünfziger Jahren samt Elvis, Jukebox und rosa Cadillac. Wir hingegen wundern uns über den Wandel der *DOS and DON'Ts* im Ablauf von nur wenigen Jahrzehnten. »*Don't Think of Smoking Anything in Here*«, warnt ein Schild über der Theke, während sich ein gigantischer Bananasplit, überhäuft mit Sahne und Schokolade, vor uns auftürmt. Am Ende bleibt das Riesenteil leicht angeknabbert und ein wenig traurig in unserer Mitte stehen, so als sei die Zeit auch dieses Glücksmodells schon wieder abgelaufen.

Thomas L. Friedman nämlich meint, dass die Welt das *bigger is better* nicht mehr lange aushält. Ich muss es gestehen, ich bin ein Friedman-Fan. In seinen Bestsellern *The Lexus and the Olive Tree* und *The World is Flat* hat uns der Chefkorrespondent der *New York*

Times die Globalisierung so plastisch nahe gebracht, dass man wirklich begreift, was geschieht. Sein neues Buch *Hot, Flat and Crowded*[48] verbindet das Thema der Globalisierung, des »ebenen« (*flat*) Spielfeldes, auf dem Menschen aller Erdteile technologisch vernetzt und ohne nationale Barrieren miteinander konkurrieren, mit den Themen der Erderwärmung (*hot*) und der wachsenden Weltbevölkerung (*crowded*). Das Zusammentreffen der drei Phänomene bedrohe das Gleichgewicht des Planeten und eröffne Amerika gleichzeitig die Chance, zu sich selbst zurückzufinden.

Wie das? Amerika sei »vom Weg abgekommen« in den letzten Jahrzehnten aufgrund »schlechter Gewohnheiten« und einer falschen Reaktion auf 9/11. Und Amerika sei immer dann am stärksten, wenn es »Innovation und Inspiration«, Eigeninteresse und Weltinteresse, *wealth building* und *dignity-building* miteinander verbinde. *To get its groove back* müsse Amerika die Führung übernehmen beim Lösen der großen Weltprobleme.

Diese sind in Friedmans Augen so gravierend, dass er ab dem Jahr 2000 ein neues Zeitalter ausruft, die *Energy-Climate Era (E.C.E.)*, und es unter einen Alarmcode ähnlich den amerikanischen Terrorwarnstufen stellt: Ab sofort gilt für die *endangered species* Mensch: *code green*.

Niemand wird die Bedrohung durch ein verrückt spielendes Wetter (*global weirding*), den Energiehunger einer rasant wachsenden Mittelschicht und den Verlust an Artenvielfalt und natürlichen Lebensräumen ernsthaft bestreiten wollen. Nach Friedmans Blitzgewitter alarmierender Zeichen und Zahlen schon gar nicht. Wer es dennoch tut und die notorische Ungenauigkeit menschlicher Langzeitprognosen anführt, dem begegnet Friedman mit einer Art Pascalschen Wette: Rettungsmaßnahmen zu unterlassen, nur weil die Bedrohung erst zu neunzig Prozent gesichert sei, sei eine *loser strategy* selbst im ökonomischen Sinne. Das Richtige zu tun rechnet sich, und für Amerika gleich mehrfach: Es könnte seine Abhängigkeit von den *petro-*

---

[48] Thomas L. Friedman, *Hot, Flat, and Crowded. Why we Need a Green Revolution – And How it Can Renew America*, New York 2008 (*Was zu tun ist. Eine Agenda für das 21. Jahrhundert*, Frankfurt 2009).

dictators überwinden und eine Revolution der Energietechnologien auslösen, ähnlich wie die IT-Revolution in den Neunzigern. ET nach IT. Hat der Staat erst die Richtung vorgegeben, würden Milliarden in den neuen Wachstumssektor fließen, und selbst ein *bubble* wie im Jahr 2000 würde den Nutzen nicht schmälern.

Bei aller Sympathie für marktwirtschaftliche Problemlösungen – könnte es sein, dass das Menschenbild des Autors und damit die Trias der Zukunftsfaktoren nicht ganz vollständig sind? Krieg beispielsweise oder Religion kommen in diesem Buch nicht vor. Dabei könnte falsch verstandener Glaube durchaus für ungebetene Ergänzung sorgen in *Friedmans World – Hot, Flat, Crowded ... and Djihadist*? Umgekehrt könnte die Tiefendimension wohlverstandener Sinnsuche die Triebkraft liefern für den nötigen Wandel. Es wird nämlich nie ganz klar, worauf Friedman seine *ethic of conservation*, den geforderten *sense of stewardship* und *sense of trusteeship for future generations* denn gründen will. Wachstum mag unverzichtbar sein und der amerikanische Kapitalismus, »die mächtigste Innovationsmaschine aller Zeiten«, auch »grüne« Produkte liefern. Nur ist der Treibstoff dieser Maschine ein anderer als die »Ethik der Zurückhaltung« (*ethic of restraint*), die Friedman selbst den Chinesen empfiehlt. Und Klugheit, die Voraussicht kommenden Übels, hat selten die Menschen zum Handeln bewegt.

Friedmann scheint die Schwierigkeit zu ahnen. Auf der letzten Seite fordert er seine Landsleute auf, sich »neu zu entdecken«. Sie seien jetzt wieder, wie die Passagiere auf der *Mayflower*, unterwegs in ein Land, das sie nicht kennen. Das klingt ein wenig ratlos, nach Wunschdenken im besten und Lust auf Selbsterlösung im schlimmsten Falle, nach einem Denken, das die Quellen der eigenen Hoffnung nicht mehr reflektiert. Ich weiß nicht, ob ihm aufgefallen ist, dass er in seiner neuen Formel der Weltzeit (E.C.E.) das »C« für »Christus« durch das »C« für *climate* ersetzt hat[49]. Da will man ihm

---

[49] Aus Gründen politischer Korrektheit werden in jüngster Zeit B.C.E. und C.E. auch mit *Before Common Era* und *Common Era* übersetzt.

dann doch zurufen, bei aller Freude über seinen brillant formulierten Weckruf: »*Not so fast, Mr. Friedman!*«

Am letzten Abend wollen mir JoAnn und David eine Freude machen und greifen dazu in die Filmkiste. Das Fundstück ist ein Hit. In unseren Fernsehsesseln ausgestreckt, genießen wir den Mitschnitt eines Konzerts, mit dem Paul Simon 2007 als erster Preisträger des *Gershwin Prize for Popular Song* ausgezeichnet wurde. Die Ehrung wird von der *Library of Congress* in Washington vergeben und die Popmusik damit in den Rang nationalen Kulturguts erhoben. Simons Lieder werden von den Größen der Branche interpretiert, und einige von ihnen wie Stevie Wonder, James Taylor und natürlich Art Garfunkel kenne ich gut. Andere große Künstler wie Lyle Lovett und Dianne Reeves erlebe ich zum ersten Mal und bin begeistert. Erst spät greift der Meister selbst zur Gitarre, und mein erster Eindruck ist: Wie gut, dass wir alle älter werden. Dann spielt er *Sound of Silence*, und ich staune, wie sehr die Klänge und Verse einiger New Yorker Jungs Teil der eigenen Lebenswirklichkeit geworden sind. Noch bevor ich das Phänomen richtig benennen kann, tut es der *Librarian of Congress*, James H. Billington, für mich. Im dunklen Anzug die Würde von Amt und Anlass verkörpernd betont er, dass Simon und die amerikanische Popmusik *the soundscape of the planet* »transformiert« hätten.

Da ist es wieder: das amerikanische Selbstbewusstsein selbst in Zeiten großer Probleme. Ich muss an Friedman denken und seine Überzeugung, dass der Planet gerade deshalb bedroht sei, weil zu viele Menschen »wie Amerikaner« leben wollten. *Too Many Americans* ist ein Kapitel überschrieben. Während Europa die Welt nicht inspiriere, sei Amerika für viele immer noch »das Beispiel, dem man folgt«. Deshalb, und weil es dazu in der Lage sei, müsse das Land jetzt Ernst machen mit dem Projekt einer *green revolution*.

Zustimmend zitiert er Emerson: *America is the country of the future. It is a country of beginnings, of projects, of vast designs and expectations.*

August 2009

Von Bildern und Nachbildern

Herbstgedanken in Amsterdam und Hongkong

Ich zögere ein wenig, die Messe *IBC* nur als Anlass zu bezeichnen für meinen Besuch in Amsterdam. Immerhin mag die Aussicht auf Neugeschäft den Beschluss erleichtert haben, den teuren Flug der Kurzentschlossenen dann doch zu buchen. Letztendlich aber werden wohl die Bilder den Ausschlag gegeben haben für diese Reise, die Bilder, die sich all die Jahre in meinem Kopf geformt haben von der Grachtenstadt, und die Bilder holländischer Maler, die ich in den Museen der Welt schon gesehen habe.

Zufall oder wohldurchdachte Ortswahl – die *IBC* ist der Herstellung und Bearbeitung von Bildern gewidmet, der elektronischen, digitalen natürlich. Selten habe ich mich auf einer Messe so verloren gefühlt. In riesigen schwarzen Hallen ohne Fenster, erfüllt vom Blitzgewitter tausender Flachbildschirme, irre ich durch die Gänge und finde die Standmarkierungen, die hier im Boden eingelassen sind, erst spät. Ein Gefühl der Ort- und Zeitlosigkeit stellt sich ein, und ich komme mir vor wie in den Casinos von Las Vegas. Was »gespielt« wird, ist dermaßen »echt«, dass mich manchmal nur der lautere Krach am Nebenstand von der einen Welt in die andere scheucht. Mit Dinosauriern streife ich durch die Wälder der Urzeit und in gestochen scharfen Bildern – *digitally remastered* – nehme ich an der ersten Mondlandung teil. Die Macht der Illusion, ja die Macht des Menschen schlechthin, ist unvorstellbar.

Ein seltsames Unbehagen beschleicht mich, das ich mir rational schwer erklären kann. Gewiss, es gibt die Angst vor Manipulation, die so alt ist wie die künstlichen Bilder selbst. Bilder erreichen unser Gehirn meist ungeprüft und beeinflussen fortan unser Denken und Handeln. Bildbeherrschung ist die Speerspitze von Naturbeherrschung, und mit der Perfektion unserer Schöpfungen, von der kleinsten digitalen Modifikation zu den neuen, täuschend echten Bilderwelten, wächst die Gefahr unerwünschter Einflussnahme.

Aber da ist noch etwas anderes, und es begegnet mir an diesem Tag in so seltsamen Empfindungen wie der heimlichen Freude an kleinen Fehlschlägen, an der Rolltreppe, die stehen bleibt, dem Mann an der Information, der nicht Bescheid weiß. Irgendwie scheint es mir wichtig, dass wir nicht alles kontrollieren und die Welt aus unserem Kopf erschaffen können. Und dass ich mir eine schwierige, ewig unbeantwortete Frage nicht wegnehmen lasse von den vielen bunten Antworten dieser Messe: »Was ist Wirklichkeit?«

Wirklich ist, auch wenn es mir ein wenig unwirklich erscheint, dass an diesem nördlichen Herbsttag die Sonne scheint und dass es dazu keines Mausklicks und keiner Fernbedienung bedarf. Und noch unwirklicher mutet es an, dass die Veranstalter zwischen den Messehallen einen Sandstrand aufgeschüttet haben mit Liegen und mit Sonnenschirmen und dass ich zur Mittagszeit mit meinem Sandwich in der Sonne liege und dabei nützliche Technik zum Einsatz bringe: Ich telefoniere mit München, wo es regnet.

Letztendlich aber sind es die dunkleren Töne von Dämmerung und Nacht, die ich in Amsterdam am stärksten wahrnehme, zusammen mit einem Gefühl des Fließens und Schwankens, von Ungewissheit, die gar nicht stört. Woher kommt das? Die Brücken und die Ufermauern sind aus Stein, und die Kaufmannshäuser mit ihren Giebeln stehen seit vierhundert Jahren an den Grachten. Vielleicht ist es das viele Wasser, vielleicht der Nebel am Abend, vielleicht die spärliche Straßenbeleuchtung und der stetige Strom der Radfahrer, deren Lachen in den engen Gassen verhallt. Vielleicht bin ich es selbst …

Wer sagt überhaupt, dass das Schwankende stets ungewiss ist? Ich beobachte den Kapitän meines Grachtenboots, einen Mann um die fünfzig, der zu Lande leicht schwankend geht und erst auf dem Wasser Ruhe und festen Tritt gewinnt. Für mich, seinen einzigen Passagier auf dieser Grachtenfahrt in der Abenddämmerung, schaltet er die Lautsprecherführung auf Deutsch ein und kommentiert dazwischen auch noch selbst. Dabei scheint er die Ruhe ein wenig zu übertreiben, denn er bedient das Steuerrad mit dem linken Fuß, selbst dann noch, wenn er sich zu mir umwendet.

Ich erfahre Wissenswertes über die Formen der »Stufengiebel« und dass man die Häuser schmal, aber tief baute, um Steuern zu sparen. Meine eigentliche Aufmerksamkeit gilt dem Farbenspiel von Himmel und Wasser und den ständig wechselnden Perspektiven. Einmal fahren wir auf das Binnenmeer hinaus und die Stadt erscheint fern und der Himmel weit. Als wir zurückkehren, ist es stockdunkle Nacht.

In Amsterdam mündet die Amstel, und um in Amsterdam richtig anzukommen, meint mein archaisches Unbewusstes, müsste ich ein Amstel-Bier getrunken haben. Also bestelle ich zum holländischen Nationalgericht *Stampot*, einem Mischmasch aus Gulasch, Knackwurst und Kartoffel-Rüben-Püree, ein *Amstel*. Ich bekomme ein *Heineken*. Am nächsten Tag glaube ich mich am Ziel meiner Wünsche, denn über den Kneipentischen eines Freiluftlokals, direkt an einer Gracht, hängt das rote »*Amstel*«-Schild. Sie habe nur *Heineken*, sagt die Bedienung und erklärt, dass mein Tisch zum Lokal gegenüber gehöre, ich könne mich aber gerne, wenn ich wolle, ein paar Tische weiter setzen. Jetzt aber will ich meinen Logenplatz mit Blick auf Wasser und Steinbrücke nicht mehr aufgeben und genieße die Abendstimmung bei *Heineken*, bis polternde Spanier am Nebentisch mich vertreiben. Im Inneren des Lokals riecht es kräftig nach Haschisch, und spätestens hier wird mir klar, dass ich mir nicht alle ortsüblichen Genüsse einverleiben muss, um dem *spiritus loci* verbunden zu sein. Für die Kuriositäten des benachbarten Rotlichtbezirks gilt dies allemal. Dass ich in einem Lokal namens *Het Melkmeisje* zu Abend esse, mag genügen.

Ich muss viel an Albert Camus denken auf dieser Reise, für den Amsterdam das Gegenbild seiner lichtdurchfluteten, mediterranen Welt gewesen ist. Wie so oft fällt mir ein Lieblingssatz von ihm ein: »Das Elend hinderte mich, zu glauben, dass alles unter der Sonne und in der Geschichte gut sei; die Sonne lehrte mich, dass die Geschichte nicht alles ist. Das Leben ändern, ja, nicht aber die Welt ...«

Was aber lehrt uns der Nebel?

Vielleicht, dass die Dinge anders sein können, als sie uns manchmal – selbst bei Lichte betrachtet – erscheinen. Am Abend verfolge ich im Fernsehen das als »entscheidend« hochgelobte Duell der deutschen Kanzlerkandidaten. Zu Ende der uninspirierten Veranstaltung sehe ich die Kanzlerin leicht im Vorteil und muss mich von den Demoskopen eines Besseren belehren lassen. Da hat sich wohl ein Bild von Wirklichkeit vor die Wirklichkeit selbst geschoben und mir die Sicht verstellt – oder die Augen geöffnet für die schmerzliche, nie vollendete Aufgabe: Vorstellungen, Annahmen, alte Bilder immer wieder aufzugeben und zu korrigieren zugunsten dessen, was ist.

Damit nicht genug der Kränkungen an diesem Fernsehabend: Da gebraucht die Moderatorin einen Begriff, den die Kanzlerin mangels Ernsthaftigkeit zurückweist, und den ich, der vermeintlich gut Informierte, nicht einmal kenne: Tigerente. Es bedarf eines Essays in der *Welt*, um mir das Tier und mit ihm ein ganzes soziales Biotop vorzustellen. »Generation Tigerente« nennt der Publizist Robin Alexander die nach 1980 Geborenen, jene, die mit den Figuren des Zeichners Janosch (*Oh, wie schön ist Panama*) aufgewachsen sind: einem kleinen Bären, einem kleinen Tiger und ihrem Gefährten, einem brettartigen, schwarz-gelben, in Kinderzimmern allgegenwärtigen Holztier auf Rädern: der Tigerente.

Eine »vormoderne, sehr deutsche Idylle« nennt Alexander die Wohngemeinschaft der verniedlichten Raubtiere in ihrem Wald, Sinnbild eines Hinterlandes der Fronten des »Raubtierkapitalismus«, an die man sich ja nicht begeben muss, solange man zufrieden ist mit Halbtagsjobs, Elterngeld und der Gemütlichkeit des eigenen

Stadtviertels. Vormals Getrenntes scheint sich da zu vereinen und was einst zusammengehörte auseinander zu driften: »Eine bürgerliche Idylle, ... die alternativ tickt«, entdeckt Alexander, »Bionade-Biedermeier«, in dem man sich nett einrichtet, heiratet und um die Reinheit der Lebensmittel sorgt, ein »Auseinanderdriften von Interessen und Identität im neuen deutschen Bürgertum«. Mag sein, dass einige Kreuzberger Jungunternehmer die FDP wählen, wie der *Spiegel* unter dem Titel »Die Gelbgrünen« berichtet, insgesamt ist keine der Parteien so richtig »in« im »Tigerenten-Club«.

Am nächsten Tag sitze ich in einem Café des Amsterdamer Studentenviertels und hadere weiter mit meinen Wissenslücken. Ich bin umgeben von jungen Leuten und könnte nicht wirklich sagen, was sie antreibt und bewegt. Irgendwie scheinen wir immer zu spät zu kommen! Wenn ich meine, endlich etwas verstanden zu haben, ist die Wirklichkeit, die ewig flüchtige, schon wieder längst enteilt!

Von wegen lernfähig! Zu meinem Kaffee wird mir ein Zuckerstreuer gebracht, in dem eine eingeschlossene Wespe verzweifelt den Weg ins Freie sucht. Ich meine eine gute Tat zu begehen, indem ich den Deckel aufschraube und sie entweichen lasse. Keine Minute später klettert sie wieder hinein und verfällt erneut dem süßen weißen Pulver. Wundert es da, dass ich an unsere Banken denken muss und ihren schnellen Wiedereinstieg ins große Spiel? Und dass ich erschrecke, als ich meine eigene Rolle dabei entdecke: Der Staat bin ich.

Dass die Menschen nichts als ihre Ketten zu verlieren hätten, eine Ansicht von Karl Marx, finde ich in Amsterdam nicht bestätigt. Die Menschen haben auch noch ihre Fahrräder zu verlieren, und damit das nicht geschieht, brauchen sie ihre Ketten. Auf dem Nieuwen Markt beobachte ich eine zierliche Frau, die ihr Fahrrad mit einer Monsterkette gegen Diebstahl sichert. Das Teil wiegt mindestens fünf Kilo und will von der Gabel durch die Speichen und wieder zurückgewuchtet werden. Ansonsten herrscht viel Befreiung in Amsterdam, von manch schädlicher Bedrückung wie von manch guter Sitte. Die Stadt ist schön und erträgt ihre Anything-goes-Generation mit der Toleranz, die ihr mein Reiseführer nachrühmt.

Im Rijksmuseum, das wegen Umbaus nur die »Meisterwerke« zeigt, und stärker noch im schönen Museum für Stadtgeschichte tritt uns Hollands kurze Blütezeit in ihrer ganzen praktischen Pracht entgegen. Zwei Aspekte nehme ich mit aus dieser lebensnahen Bilderwelt: Realismus und Eigenverantwortung. Realismus, weil auch das Unvorteilhafte, Hässliche, Lächerliche dem Betrachter durchaus zugemutet wird. Eigenverantwortung, weil sie die Selbstorganisation einer neuen Bürgergesellschaft zeigt mit ihren Waisen -und Altmännerhäusern, ihren prunkenden Bürgerwehren, wie sie uns Rembrandt unvergleichlich vorführt in seiner *Nachtwache*. Ein wenig Sehnsucht kommt auf nach einer Zeit, in der die Bürger selbst noch der Staat waren und ihn mit allem, was sie waren und hatten, zu tragen und zu verteidigen hatten: ihrem Unternehmertum und ihrer Eitelkeit, ihrem Stolz und ihrer Barmherzigkeit, ihrem Rechtsgefühl und ihrem Gott- und Selbstvertrauen.

Johan Huizinga mag den Ausdruck »Goldenes Zeitalter« nicht. Dem berühmten Historiker fehlen die irdenen Grundtöne in dieser Metapher. Keiner habe so wie er »in Bildern gedacht«, schreibt mein Studienkollege Bernd Roeck in einem schönen Nachwort zu Huizingas *Holländische Kultur im 17. Jahrhundert*[50], die ich im Museumsshop finde. Von der »unverhältnismäßigen Präponderanz der Malerei über die anderen Künste« habe ich mich inzwischen selbst überzeugt – und auch davon, dass es noch spätere Blüten dieser Kunstform gab.

Ich neige nicht dazu, das schützende »Sie« im zwischenmenschlichen Verkehr leichtfertig aufzugeben, aber irgendetwas drängt mich, van Gogh wie einen Bruder anzusprechen ... *Vincent*. Im

---

[50] Johann Huizinga, *Holländische Kultur im 17. Jahrhundert. Eine Skizze*, München 2007.

Museum, das seinem Werk gewidmet ist, herrscht eine Stille, wie ich sie aus Kirchen kaum kenne, und das bei einer höchst bunten, internationalen Besucherschar. Sofort schalte ich mein Handy aus und reihe mich ein in den langsamen Menschenstrom, der sich von Bild zu Bild schiebt. Die chronologische Anordnung erlaubt es, ein Aufblühen der Farben zu bemerken, als Vincent von Holland nach Paris umzieht. Wenige Dachansichten der Seinestadt genügen, um meine Liebe zu Paris auflodern zu lassen. Danach, auf den weiteren Stationen dieses kurzen Lebens, werden Farben und Formen immer kühner, zerren an unseren Sehgewohnheiten, sprengen und erweitern die gewohnte Sicht von Wirklichkeit. Vincent geht uns unter die Haut. Selten hat einer die Aussicht auf Zustimmung so radikal der eigenen Wahrheit geopfert. Wer kann dem folgen?

In Camus' letztem vollendetem Roman *Der Fall* geht ein Mann den umgekehrten Weg, von Paris nach Amsterdam. Der Pariser Staranwalt Jean-Baptiste Clamans, Schützer der Witwen und Waisen, erkennt allmählich die subtile Verlogenheit seiner Existenz und zieht sich trinkend in eine Amsterdamer Hafenkneipe zurück. Dort bewegt er mit seiner dramatischen Lebensbeichte zufällige Besucher zur eigenen Selbsterforschung und waltet seines Amtes als »Buß-Richter«. Die kathartische Wirkung ist umso größer, als er nur sich selbst anklagt und den Menschen, die sich gleichen, ein »Porträt« vorhält, bis es zum »Spiegel« wird. Die Dunkelheit und die Amsterdamer Nebel aus Wasser und Wacholderschnaps bilden dabei den tätigen Hintergrund eines Werks des Selbstzweifels und der Auflösung – und, wie es mir scheint, auch des Neubeginns. Der Name des Anwalts weist auf einen voraus, der nach ihm kommt. In Jean-Baptiste Clamans ist Johannes der Täufer angedeutet, der in der Wüste ruft (*clamans in deserto*) …

China beschäftigt uns – und das zu Recht. Den Aufstieg Chinas, den Aufstieg Asiens insgesamt, kann mit einem Wort des Thukydides als die »größte Bewegung« der Gegenwart bezeichnet werden. Dabei ist es zunächst zweitrangig, ob uns das Neue gefällt oder ängstigt, anlockt oder abstößt: Bewegungen auf der Machtebene von Gesellschaften, deren Bevölkerung das Vierfache der westlichen Welt ausmacht, betreffen uns.

»When the elephant comes, get out of the way«, hat ein indischer Taxifahrer einmal zu mir gesagt und damit seine politische Lebensweisheit zusammengefasst. Wer dem anstürmenden Großtier nicht ausweichen kann oder will, tut gut daran, es zu verstehen. Bereits bei meinem ersten Hongkong-Besuch Anfang der neunziger Jahre ist mir eine Besonderheit der hiesigen Buchläden aufgefallen: Eine große Abteilung trägt den Titel *China Interest* und versammelt neben chinesischen Klassikern all jene westlichen Autoren, die versuchen, sich einen Reim auf China zu machen. Die Tatsache, dass diese Bücherflut von Jahr zu Jahr weiter anschwillt, scheint vor allem auf eines hinzudeuten: Wir verstehen China nicht.

Mir geht es genauso. Auch in meinem Bücherschrank blüht die *China-Interest*-Ecke, und auch auf dieser Reise kündigt sich Nachwuchs an: Noch bevor ich zu meinem elf-Stunden-Flug einsteige, stoße ich in Frankfurt auf das Buch *Die China-Falle*[51] des Journalisten Jürgen Bertram. Der Untertitel zieht ein klares Fazit: »Abgezockt im Reich der Mitte«. Ich bin gerade ein paar Stunden unterwegs und habe das halbe Buch gelesen, als über dem Nachthimmel von Kasachstan die Falle zuschnappt. Ich beginne in Wut zu geraten über die präsentierte Flut an Betrügereien, Plagiaten und arglistigen Täuschungen. Und in Wut will ich meinen Gesprächspartnern nicht beggnen. Darüber hinaus ist die Methode des Buches fragwürdig und die Analyse eher dürftig. Presseberichte und Agenturmeldungen über chinesische Verfehlungen

---

[51] Jürgen Bertram, *Die China-Falle. Abgezockt im Reich der Mitte*, Frankfurt 2009.

werden gesammelt und aneinandergereiht. Man stelle sich vor, welches Horrorbild von Deutschland sich mit einer entsprechenden Auswertung des *Spiegel* entwerfen ließe. Das Beschriebene mag geschehen sein und Mahnung zur Vorsicht angebracht – ich will mir das Vertrauen in die eigene Wahrnehmung nicht beschädigen lassen und lege das Buch zur Seite. Stattdessen wähle ich die Rubrik »Chinesische Spielfilme« auf dem Bildschirm vor mir und tauche ein in einen Alltag ohne Fazit. In *Beijing Bicycle* begleite ich einen Fahrradkurier aus der Provinz auf seinen Abenteuern in der fremden Hauptstadt, ein anderer Film zeigt mir einen jungen Vater, der seinem Sohn mühsam Moralbegriffe beibringt in einer Welt materieller Verführung. Als ob man es eigens noch betonen müsste: Auch Chinesen sind Menschen.

Als solche sind sie nicht perfekt, und der Gedanke wirkt fast tröstlich in diesem Umfeld technologischer Superlative. Im Bad meines Hotelzimmers, das sonst keine Wünsche offen lässt, scheint die Steckdose zu fehlen. Ich traue meinen übernächtigen Augen nicht und rufe die Dame vom *housekeeping*. Mit Lächeln und viel Verbeugung bestätigt sie, dass ich mich in den Wohnraum bemühen müsse, um mich zu rasieren. *Solly about that*. Verwundert stecke ich den Adapter in eine Steckdose, die ein sonst schwindendes britisches Erbe bewahrt: Sie ist dreipolig.

Der Rundblick aus dem 32. Stock gewährt mir ein gewaltiges Panorama und eine ungewöhnliche Einsicht: Es gibt keine Immobilien in China. Es gibt Gebäude, viele davon und hohe, aber der lateinische Wortsinn des »Un-Beweglichen« mag ihnen partout nicht anhaften. Nicht etwa weil sie schwankten – die größeren tun dies zur eigenen Sicherheit –, sondern weil sie mit einem Tempo errichtet und wieder abgerissen werden, dass sich das Gefühl von Dauer, von Beständigkeit, gemessen an der menschlichen Lebensspanne, erst gar nicht einstellt. Selbst gewaltige Strukturen weichen und wandeln sich jährlich im Mahlstrom einer hektischen Stadt- und Verkehrsplanung. Es ist keine zwei Jahre her, dass ich zuletzt auf Kowloon geblickt habe, und schon wieder darf mich an eine neue Skyline gewöhnen, die teilweise dort aufragt, wo einst der Flughafen stand. Wer noch den Landeanflug auf den alten Airport Kai Tak erlebt hat mit seiner Fast-Berührung der Häuserdächer, der wird den Nervenkitzel wohl nie vergessen. Heute steht auf der Insel Lantau ein neues Wunderwerk an Flughafen, und wer die Augen offen hält bei der Zufahrt zur Stadt mit ihren Tunnels und riesigen Hochbrücken, dem Containerhafen und der Armada an Schiffen davor, dem tritt die neue Wirklichkeit klarer ins Bewusstsein als in jeder Statistik.

Dass Gebäude mit über einhundert Stockwerken auf einem Grund errichtet werden, der erst vor Kurzem dem Meer abgerungen wurde, erweckt Bewunderung und ein wenig Befürchtung, Letzteres vor allem bei uns Europäern, die wir bei Türmen gern an den Turmbau zu Babel denken. Vorläufig ist die Apokalypse verschoben, und neue Rekorde werden gemeldet von der Höhe der Türme – und der Höhe der Preise. Auf Hongkong Island wurde soeben der höchste Quadratmeterpreis aller Zeiten erzielt, schreibt die *South China Morning Post*. Umgerechnet vierzig Millionen Euro habe ein Käufer vom chinesischen Festland für seine Wohnung in den *Mid Levels* bezahlt und damit die bisher teuerste Adresse der Welt ausgestochen: One Hyde Park, London.

Für das Treffen mit einem langjährigen Kunden habe ich einen besonderen Wunsch geäußert. Der Chef möge doch bitte auch Regina mitbringen, die Frau, mit der wir am meisten zu tun haben bei unserem täglichen Ringen um Preise und Lieferung. Natürlich ist »Regina« nicht ihr richtiger Name, sondern nur der westliche, aussprechbare, den sich die Chinesen freundlicherweise zulegen im Umgang mit uns Langnasen. Tatsächlich erscheint sie zum Treffen in meinem Hotel und verspricht Unterstützung bei meinem Bemühen, zeitraubende Routineabläufe abzukürzen. Danach allerdings, als wir zum traditionellen Fischessen aufbrechen, verabschiedet sie sich artig: Die Rangstufen mischen sich nicht im hierarchisch geordneten China.

Ein kleines, verstecktes Restaurant in East Tsim Sha Tsui, *Lei Garden*, verkörpert die chinesische Lust an gutem Essen geradezu beispielhaft.

Ich komme gar nicht nach mit meinen Fragen zur kantonesischen Küche und soll dazwischen auch noch selber Auskunft geben. Wie immer nämlich sind meine Gastgeber, ein Paar, beide Anfang vierzig, brennend interessiert an westlicher Lebensart. Gemeinsam leiten sie das Hongkonger Handelsunternehmen mit seinen Festlandfilialen, sind weit gereist und doch voller Fragen zu französischen Urlaubsorten, italienischen Städten und spanischen Weinen. Vor allem über Wein kann ich gar nicht genug erzählen, und meine Auskünfte werden eifrig notiert, nicht nur im Gedächtnis sondern auch, mit rasendem Gekritzel, auf dem Touchscreen eines Smartphones.

Ich bin meistens gut damit gefahren, auf Reisen die Genüsse des Gastlandes zu bevorzugen. Warum aber nicht, nach einem chinesischen Essen, ein wenig Kulturaustausch betreiben? Für die westliche Tradition des *after dinner drinks* gibt es keinen besseren Ort als die Lobby Lounge des *Intercontinental Hotels*. Unmittelbar vor dem Gast ragt eine riesige Glaswand auf, die ihn weniger trennt als verbindet mit dem Hafengeschehen und der gewaltigen Lichterwelt von Hong Kong Island. Abwechselnd schieben sich Ozeanriesen und Ausflugsdschunken vor die hell erleuchtete Skyline. Eine Weile sitzen wir sprachlos vor dem monumentalen Schauspiel. Dann stelle ich amüsiert fest, wie sehr mir dieser Anblick über die Jahre zum Gradmesser der Globalisierung geraten ist. Früher leuchteten von den Wolkenkratzern gegenüber ausschließlich Reklametafeln westlicher und japanischer Konzerne zu uns herüber, darunter einige deutsche. Jetzt muss ich meinen Gast bitten, mir die immer zahlreicher werdenden chinesischen Schriftzeichen zu übersetzen – und kenne viele der Namen nicht. Ich fühle mich wie auf Hongkongs Flughafen, wenn unbekannte chinesische Millionenstädte aufgerufen werden.

Tröstet es da, dass die Getränkekarte Spezialitäten enthält, die ebenfalls der Übersetzung und Erläuterung bedürfen? Ich wähle für uns einen Rum aus Antigua, älter als Hongkongs »Rückgabe«, in dessen Feuer sich der Duft von Orangen mischt. Auch wenn sie es versuchen – und rasend in den Kleincomputer tippen –, der Genuss ist unbeschreiblich.

Liegt es am verlockend hohen Preis oder daran, dass Michael Gorbatschow und Sean Connery für die braunen Taschen geworben haben? Bei *Louis Vuitton* in der Canton Road stehen die Menschen Schlange. In kleinen Gruppen werden sie hereingelassen. Meine Frage an den Türsteher, ob es hier etwas günstiger oder gar umsonst gebe, wird entschieden verneint. Man muss sich also anstellen, um 15 000 Euro für eine Tasche auszugeben? Später bitte ich meine chinesischen Freunde um Aufklärung, und die haben eine verblüffende Erklärung für mich: Die Käufer seien Festlandchinesen auf Einkaufstour in Hongkong. Auch bei Ihnen gebe es *Louis-Vuitton*-Läden, aber nur hier hätten sie die Gewissheit, Originale zu erhalten.

Da ist es wieder, das Thema der Plagiate. Seit meinem ersten Hongkongbesuch habe ich das konspirative Zischen im Ohr, mit dem Schattengestalten in der Nathan-Road gefälschte Uhren anpreisen: »*Lolex, Lolex!*« Welcher Genuss sich mit dem Besitz einer gefälschten Rolex verbinden lässt, ist mir bis heute ein Rätsel geblieben. Und zu Louis Vuitton steht der entscheidende Satz bei Asfa-Wossen Asserate in seinem Buch *Manieren*[52]: »Ich habe unter meinen persönlichen Sachen ungern solche mit dem Monogramm von anderen Leuten.«

Jeder Messebesuch in China lässt ein wachsendes technologisches Niveau und verschärften Wettbewerb unter den chinesischen Anbietern erkennen. Auf der *Electronic Asia* in Hongkongs futuristischem *Convention Center* ist den kleineren Firmen aus *Mainland China* ein ganzes Stockwerk vorbehalten. Unter roten geschwungenen Dächlein, die eine ruhigere Zeit beschwören, herrscht Wettbewerb pur. Ich habe kaum Zeit, Namen und Produkt eines Ausstellers zu erfassen, da hat sich schon eine lächelnde Standdame mit Flyern und Visitenkarten auf mich gestürzt. Ich staune über die Chinesen, die ich sonst als eher schüchtern kenne. Immerhin lässt mir dieses Verhalten den Ausweg, ebenfalls lächelnd einfach weiterzugehen. Da springt, um die Konkurrenz auszustechen, ein junges Mädchen aus ihrer Box heraus, versperrt mir den Weg und drückt mir ihren

---

[52] Asfa-Wossen Asserate, *Manieren*, München 2005.

Katalog einfach in die Hand. Ob aus Verblüffung oder weil so viel Mut schon wieder Anerkennung verdient – ich nehme ihn mit.

An einem anderen Stand verweile ich freiwillig. Dazu muss ich kurz erklären, dass es einen bekannten deutschen Steckerhersteller namens *ODU* gibt. *OUDU* lese ich über einem *Mainland-China*-Stand und erkenne sofort die Kopien der kleinen Rundstecker aus Mühldorf. »*ODU connectors from Germany*«, sage ich zu dem jungen Mann hinter der Vitrine und deute auf seine Exponate. »*Yes, yes, ODU connectors*«, nickt er eifrig und seine Augen strahlen, als hätte ich ihm das größte Kompliment gemacht. Von schlechtem Gewissen keine Spur. Die perfekte Kopie ehrt den Urheber des Werks, lehrt angeblich Konfuzius. Ob die das in Mühldorf auch so sehen? Ein schwacher Trost ist, dass die Kopien selten perfekt geraten. Ein stärkerer, dass die Chinesen immer noch uns kopieren und nicht wir sie. Die einzige Hoffnung, dass wir uns anstrengen und dass es so bleibt.

Dass die Großen der Elektrobranche ihre Produkte nicht selbst herstellen, sondern von »Auftragsfertigern«, den *electronic contract manufacturers* poduzieren lassen, ist nur teilweise bekannt. Ein Riese unter den *ECM*s, die Firma Flextronics, beschäftigt in Shenzhen bei Hongkong 40 000 Mitarbeiter, darunter neunzig Prozent Wanderarbeiter. Weitere 6 000 Wanderarbeiter würden in den nächsten Wochen eingestellt, schreibt die *South China Morning Post*, das Weihnachtsgeschäft sei überraschend gut angelaufen. Staunend steht man vor einem ein Maß an Flexibilität, das andernorts schlicht undenkbar ist. Vom Fabrikchef immerhin gibt es warme Worte für diejenigen, die den Firmennamen mit Realität erfüllen: Wanderarbeiter, zitiert ihn die *Post*, seien die »*unsung heroes*« von Chinas Aufstieg zum »*manufacturing giant*«. Danke, Chef!

Ein Hamburger Kaufmann, Erstbesucher in Hongkong, hat sich mir angeschlossen, um von meinen wenigen Erfahrungen zu profitieren. Gemeinsam besuchen wir am letzten Tag die *China Sourcing Fair*, ein weiteres Schaufenster kleinerer Firmen des Festlandes. Unser

Gepäck haben wir bereits am Flughafen deponiert. Da unser Flug erst um Mitternacht geht, bleiben wir so lange wie möglich auf der Messe und sind allein auf der Rückfahrt im Airport Express. Der vollautomatische Zug hält zentimetergenau an der vorgeschriebenen Stelle, und auf dem Bahnsteig erwarten uns drei uniformierte Damen, exakt im gleichen Abstand platziert unter der Leuchtschrift *Crowd Management*. Als wir uns nähern, sausen ihre Arme im rechten Winkel nach rechts und weisen uns den Weg zum Flughafen, den wir auch allein entdeckt hätten. Dass wir nur eine *crowd of two* sind, hat auf ihre Miene und ihr Verhalten keinerlei Einfluss. Müde und mit Katalogen bepackt, tauchen wir ein in eine Einkaufswelt mit Flugsteiganschluss. Wer die vielen anderen Shoppingcenter in Hongkong noch bevölkern soll, erscheint uns von hier aus etwas rätselhaft. Immerhin entdecke ich das erste Anzeichen einer Krise auf diesem Ausflug in den blühenden Osten: Noch nie gab es für uns Passagiere so viele und so drastische *discounts*.

Dezember 2009